TRAN

CARACTER

10 HERRAMIENTAS QUE TE HARÁN VIVIR MEJOR

GIANCARLO CONGOLINO

Ricardo:

Hay muchas cosas buenas
aún por pasar en tu vida.
Sigue adelante y no te
rindas. Pronto recibirás
tu recompensa.

Giancarlo.

TRANSFORMA TU CARÁCTER

10 HERRAMIENTAS QUE TE HARÁN VIVIR MEJOR

Escrito y editado por:
Giancarlo Congolino
Diseño de portada e interiores:
Randall Herrera
Corrección de estilo:
Katarinna Ortiz Marín
Fotografía:
Pablo Blum

Derechos reservados © 2014
por Giancarlo Congolino
www.genteconvalor.com
giancarlo@genteconvalor.com
Twitter: gcgenteconvalor
Facebook: Giancarlo Congolino

CATEGORÍA:
Crecimiento personal y autoayuda
....
Impreso en los Estados Unidos de Norteamérica
ISBN-13: 978-1500945213

Primera edición, agosto 2014

"El carácter firme de un hombre no solo lo llevará a conquistar sus sueños, sino también a dominarse a sí mismo".

Giancarlo Congolino

ÍNDICE

ACERCA DEL AUTOR

Giancarlo Congolino es conferencista internacional especializado en comportamiento humano y desarrollo personal. Nació en Colombia y es Licenciado en Ciencias de la Educación, Máster en Consejería Clínica Pastoral e Instructor de Principios y Valores. Desde hace más de veinte años está vinculado a los medios de comunicación como productor, escritor y locutor de diferentes programas radiales.

Es fundador y director de Gente Con Valor, una organización con base en Miami, dedicada a la enseñanza de principios, valores y a la ayuda a personas con problemas de autoestima, personalidad y carácter.

Giancarlo viaja por diferentes lugares ofreciendo conferencias, talleres de liderazgo y desarrollo personal, transformando vidas y ayudando a otros a convertirse en personas plenas, felices y con propósito.

DEDICATORIA

Este libro quiero dedicarlo a mi hermosa familia: a mi padre Luis (q.e.p.d), a mi amada madre, doña Lilia, a mis hermanas Mary y Francy, a mis hijos Carlos Fernando y Laura.

También a todas las personas que directa o indirectamente han hecho parte de mi vida, de mi transformación, de mis logros y de mis derrotas. Todas ellas han sido parte fundamental en todo este proceso.

AGRADECIMIENTO

A mi señor Jesús por todas las bendiciones que recibo a diario.

A mi familia, a mis amigos y a mi equipo de colaboradores, en especial a Carolina Huertas por su gran apoyo.

A Carolina de los Ángeles por creer y haberse sumado a este proyecto, y a todos aquellos que de una u otra manera pusieron su grano de arena.

A ti, mi estimado lector, gracias por interesarte en esta obra.

INTRODUCCIÓN

Desde muy joven tuve la inquietud de crecer espiritualmente y encontrarle un sentido más profundo a mi vida, fue así como comencé a leer, a investigar sobre literatura de crecimiento y superación personal, y a buscar incesantemente un verdadero propósito como ser humano. De esta manera me acerqué y conocí más a Dios y sus principios de vida para nosotros. En esa búsqueda transcurrieron varios años y aprendí mucho acerca de mi vida y mi propósito, lo cual me dio la confianza de haber madurado lo suficiente en todas las áreas de mi vida.

Estaba convencido de que mi vida fluía perfectamente, según lo que hasta entonces entendía como correcto; sin embargo, hace algún tiempo tuve la oportunidad de conocer la organización americana La Red Business Network, que enseña principios y valores, y al comenzar a estudiar para convertirme en conferencista de ese organismo me llevé una gran sorpresa al verme confrontado con cada uno de los principios que ahí estudiaba.

Semana tras semana me daba cuenta que no estaba tan maduro como pensaba, ni espiritual ni emocionalmente, y que mi verdadero proceso de crecimiento integral seguía en desarrollo. En otras palabras, estaba muy por debajo de lo que creía y enfrenté algunas verdades que no había reconocido en mí, como por ejemplo, errores en mi carácter que impedían que mi vida fuera productiva y con rumbo. Fue precisamente ese golpe contra la pared lo que me hizo "despertar" y me motivó a estudiar por casi un año todos estos principios que marcaron un nuevo comienzo.

Desde ese momento, mi proceso de transformación ha continuado, he cometido muchos errores y seguramente seguiré cometiendo otros tantos, pero poco a poco esta concientización me ha ayudado a poner los pies sobre la tierra y a aceptarlos con humildad, así también, me ha servido para entenderlos, corregirlos, pedir y otorgar perdón, y hacer mi vida más sencilla, práctica y útil.

Este libro contiene vivencias personales que han hecho parte de lo que soy hoy en día, pero además, les comparto una fórmula basada en herramientas básicas de conducta que me ha ayudado a transformar mi vida y a convertirme en una persona con paz, feliz y, lo más importante, que cumple el propósito para el cual fue creada.

ALGO DE MI HISTORIA

"—¿Qué quieres ser cuando grande? —me preguntó alguna vez un amigo de la infancia". "—No estoy seguro. Quisiera estar frente a mucha gente... No sé si cantando, actuando o dando conferencias... Algo así, pero siempre frente a la gente". —contesté.

Y es que desde muy niño tuve la inquietud de estar realizando actividades donde estuviera relacionado con muchas personas y ayudando a otras. Aunque nunca vi muy claro el camino para lograrlo, hoy miro hacia atrás y me doy cuenta que, de una u otra forma, lo hice. Siempre estuve ahí, así fuera en equipos de baloncesto, de fútbol, haciendo parte de grupos musicales o como locutor de radio. Como puedes ver, me moví en situaciones rodeado de mucha gente.

Nací en Cali, Colombia, en el seno de una familia de clase media. Mis padres eran trabajadores normales, con ingresos suficientes para mantenernos, sin opción a lujos y sin comodidades por encima de lo normal. Mi padre, un hombre de raza negra, de contextura fuerte, estatura mediana, de carácter bien definido y muy sabio, según el concepto de quienes le conocieron. No cursó estudios universitarios, pero su deseo de superación lo llevó a ocupar algunas posiciones reservadas para los que habían estudiado contabilidad y administración. Le fascinaba la lectura, enterarse de la política y escuchar las noticias. En esa época no se gozaba de los adelantos tecnológicos de hoy y pasaba horas pegado a su radio, poniéndose al día de lo que ocurría en el mundo. Nos enseñó el respeto hacia los demás, a alegrarnos por los triunfos de otros y verlos como ejemplo para nuestras propias aspiraciones.

Me repitió una y otra vez que en la vida había que prepararse académicamente y tener valores para relacionarse con otras personas. Aunque no recuerdo exactamente cada palabra al respecto, conservo en mi memoria con lujo de detalles la gran admiración y respeto que generaba en los demás "Don Luis", el señor serio de la cuadra donde vivíamos y que formaba parte de la junta administradora local, o sea, del grupo de personas encargadas de coordinar las actividades para el manejo de los recursos del gobierno que se invertirían en obras de beneficio común.

13

Pues sí, don Luis se caracterizó por ser un hombre de valores y que sirvió como ejemplo y consejero para varios de sus amigos y familiares. Nunca obtuvimos comentarios desalentadores ni ofensivos de su parte, como es costumbre en muchos hogares, al contrario, su constante exhortación para que nos preocupáramos por ser personas de bien nos hacía pensar en la necesidad de estudiar y mantener el respeto hacia los demás. Esas palabras han sido un susurro que sus hijos no dejamos de oír hasta hoy, años después de su muerte.

Mi madre, doña Lilia, por otra parte, es una mujer trabajadora y muy activa, quien se desempeñó primero como maestra de escuela y luego como enfermera. Ella fue y sigue siendo el complemento a todo lo sembrado por mi padre en nuestras vidas ya que desde muy pequeños nos enseñó el amor que debíamos tenernos entre hermanos y a nosotros mismos, recalcando constantemente que podíamos hacer cualquier actividad o deporte que nos propusiéramos, pero con dos condiciones imprescindibles: la primera, ser buenos estudiantes, y la segunda, portarse bien en casa.

Doña Lilia fue la mujer sabia que edificó, junto a don Luis, un hogar lleno de valores y de mucho amor, con la creencia en Dios como soporte principal, con el estudio como una condición y el respeto hacia los demás como una característica fundamental en nuestras vidas. Un hogar que hoy, a pesar de los años y de la distancia que nos separa, sigue latente en nuestras vidas como si continuáramos disfrutando del mismo techo bajo el cual crecimos los tres hermanos, Mary, Francy y yo.

MI PRIMERA BATALLA

Puedo contar, con cierto orgullo, que nací batiendo records. ¡Así es! Pues por años ocupé el primer lugar como el niño más grande nacido en la clínica que me tocó. ¡Pesé nueve libras y media! Un peso considerable y que de hecho puso a mi madre al borde de la muerte al momento del parto.

Para lograr sacarme tuvieron que usar fórceps, los cuales me causaron muchos problemas: me fracturaron el hombro y tuve desprendimiento de ligamentos y músculos del brazo derecho, que en un primer momento no se notaron; sin embargo, el paso de los meses y la falta de movilidad del lado derecho los dejaron al descubierto. Pasé mucho tiempo usando yeso en mi brazo, pero el remedio fue casi peor que el mal y la lesión nunca se superó. Ya los tendones se habían recogido y solo mediante algunas cirugías podía volver a recuperar los movimientos normales, pero mi madre se opuso a someterme a ese proceso tan doloroso y traumático para un niño. Ella se aferraba a la esperanza de que algún día recuperara gran parte de la movilidad, pero todo este proceso provocó que durante gran parte de mi niñez estuviera enyesado, atrofiando completamente el brazo y dejándolo sin fuerza para poder maniobrar correctamente.

Me costó muchísimo comenzar a escribir con la mano derecha, pues los músculos desde mi hombro hasta abajo estaban sin fuerza y sin volumen. Era muy difícil poder hacer algún tipo de esfuerzo y durante años me acostumbré a hacer todo con el brazo izquierdo.

Fueron muchos los momentos de frustración que viví, ya que veía a otros chicos de mi edad jugar y hacer ejercicios que, por más simples que parecían, simplemente no podía realizar. De una u otra forma me aislaba y en medio de mi soledad trataba de buscar las respuestas.

Como a la edad de ocho años ya practicaba fútbol y lo hacía bastante bien, pero tenía dificultad para realizar ciertos ejercicios donde debía usar mi brazo derecho. A pesar de eso, poco a poco me fui involucrando en el mundo de los deportes. Tiempo después me inscribí para practicar judo y ahí encontré también muchas complicaciones pues había ejercicios como flexiones de pecho y algunas volteretas que se me hacían simplemente imposibles. Recuerdo que durante un verano, mi

17

madre me regaló un balón de baloncesto y me iba a una cancha del barrio a practicar. Intentaba manejarlo con la mano derecha para desarrollar un poco el brazo, pero a pesar del gran esfuerzo, este simplemente no respondía. Fueron muchos los días en que me senté en aquella cancha y lloré porque no podía superar los ejercicios, preguntándome por qué tenía ese problema. ¿Por qué yo? Me lo cuestionaba una y otra vez.

Pese a todas las limitaciones, mi deseo de jugar me llevó a sobrepasar todos esos obstáculos, poco a poco, con mucha paciencia y práctica. Sabía que debía esforzarme más de lo normal para poder practicar los deportes que me gustaban, pero finalmente logré ingresar y jugar en los equipos de fútbol, judo y baloncesto.

¿POR QUÉ SOY NEGRO MAMÁ?

Así de simple y claro, esta fue la pregunta que le hice a doña Lilia, mi madre, cuando tenía alrededor de diez años, ya que en esa época no tenía amigos de mi raza. Ella se quedó en silencio por unos segundos mientras pensaba la respuesta a tan difícil pregunta para un niño de esa edad y unos segundos después, y con toda la dulzura y serenidad que solo una madre sabia puede tener, me respondió: "Mi amor, porque los negros son los mejores estudiantes y los mejores deportistas". Una respuesta que me marcó la vida; de hecho, creo que ese fue el primer mensaje de afirmación consciente que tuve en mi infancia, pues aunque siempre recibí mucho amor por parte de mis padres, estas palabras me llegaron a lo más profundo. Ya me iba bien en los estudios y comenzaba a destacarme en el fútbol y en el baloncesto, luego, esta respuesta vino a afianzarlo todo. Esa frase hizo eco en mi mente, ya que en ese momento no se hablaba de otro jugador de fútbol a nivel mundial que no fuera el rey Pelé: negro. Los campeones nacionales y mundiales de boxeo eran negros, los atletas de marca mundial eran negros y los jugadores más destacados de la NBA (el baloncesto norteamericano que veíamos a través de la televisión), también eran negros. A partir de ese momento comenzó en mí una etapa de autovaloración positiva en todo lo que hacía, pues aunque anteriormente no era tan malo en los deportes ni en el estudio, me creí tanto la superioridad que terminé destacándome. Cada vez que estaba en el colegio y recordaba las palabras de mi madre, estas me llevaban a hacer mejor mis responsabilidades, a sentirme orgulloso de mí y a participar en todo lo que podía. Cuando estaba practicando deportes me sentía uno de los mejores y así crecí, convencido de que era bueno, entregándome en los campos de juego, dejándolo todo y llegando donde otros no soñaban con llegar. (Realmente no era tan bueno, pero me lo creí y lo fui).

En mi vida, esta afirmación pasó a otras áreas y me destaqué en cada una de ellas porque tenía plena convicción de mi capacidad. Hubo una transformación en mi mente y eso se comenzó a notar en las actividades que realizaba y en mi manera de comportarme. Me sentía muy seguro de quien era y de las ventajas que tenía ser negro y, a pesar de los clásicos chistes que hacían en el colegio burlándose de mi raza, mi confianza lograba hacerme ignorarlos por completo.

En mi etapa de adolescente seguía practicando deportes y comencé la época de las "noviecitas". Pero en mi barrio no había chicas negras, así es que las que me llamaban la atención eran blancas. A veces escuchaba a mis amigos que contaban sus experiencias con ellas, sus conquistas y también sus "estrelladas" cuando algunas les hacían ver que no estaban interesadas. Naturalmente, en esos casos sentía reducidas mis posibilidades de conquistarlas, pues si ellos no lo lograban, ¡yo tampoco lo podría hacer!, pero luego volvían a mi mente las palabras de doña Lilia: "Mi amor, porque los negros son los mejores", y entonces recargaba las baterías y sin dudarlo me lanzaba a la aventura de conquistar a una chica blanca. ¿Y qué creen que pasaba? Lo conseguía, y con eso dejaba de lado a mis amigos y sus historias de despecho.

No cabe duda que un mensaje positivo, oportuno y sabio puede cambiar dramáticamente la visión de las cosas, ya que lo que pudo haber sido una desventaja que marcara mis días de infancia y adolescencia con una pesada carga de discriminación sobre mi espalda, fue precisamente la llave que abrió la puerta de mi autoestima, confianza y seguridad para traspasar muchas de las barreras de mi vida.

¿QUIÉNES SOMOS?

Uno de los grandes problemas que tenemos hoy en día es la falta de identidad. Las personas van por la vida sin saber quiénes son, buscando aceptación en los demás a cualquier precio, buscando una respuesta en la cultura, en la familia, en los amigos, en los rituales, las cartas, los horóscopos, la brujería, en ciertas modas, e incluso en la religión. Esta falsa identidad adquirida de estas y otras fuentes es la que ha hecho que generaciones completas se pierdan buscando una respuesta a esas grandes preguntas: ¿Quién soy? ¿Para qué existo? ¿Para qué sirvo? ¿Para dónde voy?

Este gran vacío y falta de identidad se refleja también en los hogares cuando escuchamos a tantos padres decirles a sus hijos: no sirves para nada, nunca vas a ser alguien, así te vas a quedar, nunca vas a lograr nada en la vida, inútil, etc. Escuchamos términos como: la divorciada, la viuda, la pobre, el ilegal, el infeliz, los cuales tienen el mismo efecto que las palabras de mi madre en mí, pero en sentido totalmente opuesto, marcando la vida de personas que hoy son producto del desprecio, del desamor, los estigmas y de los malos ejemplos de vida. Esta falta de identidad nos roba la oportunidad de tener vidas dignas, enfocadas, productivas y prósperas. De ahí que a muchos se les dificulte tomar decisiones acertadas, pues esas frases trazan un camino con muros altos que no pueden escalar fácilmente y acaban sumidos en la frustración y, en algunos casos, hasta deciden acabar con su vida.

Te quiero desafiar a que me acompañes a recuperar la identidad, los valores, la fe y la esperanza que hemos perdido. A que seamos agentes de transformación de nuestra propia vida, y a convertirnos en personas con un carácter firme, capaces de enfrentar y superar las adversidades de la vida.

SOY UNA PERSONA ÚNICA

No importa cómo viniste al mundo, si fuiste o no deseado o deseada, si fuiste producto de una relación extraconyugal o si fuiste planeado en el seno de un matrimonio feliz, si eres hijo o hija de padres divorciados, si eres producto de una aventura, si no sabes quiénes fueron tus padres, si no tienes recuerdos de tu niñez, si naciste en uno u otro país, en una familia pobre o adinerada, la razón que sea... si tienes este libro en tus manos es para ti y eso quiere decir que estás con la salud suficiente para poder leer estas líneas.

Todos nacimos por una razón y con un propósito en la vida. Nadie tiene como destino vegetar como un árbol (algo muy distinto es que algunas personas decidan hacerlo). Hemos sido creados con dones, talentos y habilidades para poder desarrollarnos en alguna área específica de la vida y ser felices a través de eso, sirviendo y aportando a los demás.

El gran problema que existe es que no fuimos instruidos en la búsqueda de cuál es nuestro don, nuestro talento y nuestras habilidades, y en muchas ocasiones incluso nos dicen qué deberíamos estudiar para mantener cierto nivel, estatus o prestigio, sin saber si de verdad eso es lo que nos gusta y lo que queremos hacer con pasión. Esto es un error que algunos repetimos incluso con nuestros propios hijos, al querer decirles cuál carrera es la que deben estudiar porque, según nosotros, es la que les va a dar un mejor futuro.

Dios nos ha dado riquezas muy particulares y específicas a cada uno, nadie más podrá desarrollar nuestros talentos, porque son nuestros y no de otros, por eso debemos tener "mentalidad de únicos". ¿Qué quiere decir esto? Que debo pensar que soy bueno para algo que solo yo puedo realizar, debo creerlo, encontrarlo y desarrollarlo. Recuerda la frase de mi madre: "Porque los negros son los mejores". Ahora personalízala: "Porque yo soy el mejor o la mejor". Nunca la olvides, como hasta ahora no se me ha olvidado a mí y me la repito constantemente: "Porque yo soy el mejor".

Mi identidad no puede basarse en el concepto que los demás tengan de mí, sino en mi propio concepto. Sé que valgo por lo que soy, no por lo que hago, ni por lo que tengo. Soy una persona valiosa, soy único o única y nada ni nadie tiene derecho a menospreciarme. Tengo cualidades, virtudes y talentos que me hacen ser diferente a los demás. Valgo por los principios y valores que rigen mi vida, no por lo que me dicen mis padres, mis familiares, mi pareja, mis amigos o mis compañeros, si me visto o no a la moda, si estoy pasada o pasado de peso, si soy de este u otro país, nada de eso me da valor.

Debo tener una correcta autoestima, es decir, un concepto correcto de mí mismo, de lo que soy y de lo que valgo.

Una de las recomendaciones más importantes que quiero hacerte es que cuides muy bien tus pensamientos sobre ti mismo, que elijas tener todos los días aquellos que son positivos y consideres siempre que eres una persona valiosa, que con un poco de creatividad, esfuerzo y disciplina puede alcanzar lo que se proponga. Ten en cuenta que muchas personas, después de algunas adversidades, consiguen alcanzar lo que se proponen. No desmayes y sé muy valiente. Tienes un alto precio para Dios y para la gente que te quiere. No dejes que nada ni nadie te desanime a continuar la lucha por alcanzar lo que tanto has soñado.

"Lo importante no es cómo se inicia la vida, lo importante es cómo se termina".

Giancarlo Congolino

LOS COMENTARISTAS

Tal como ya he contado, cuando era muy niño comencé a practicar varios deportes, entre ellos fútbol y baloncesto. Me incliné por estos ya que mi condición física me lo permitía, puesto que soy bastante alto y corpulento.

Cada partido era un gran desafío para nosotros porque, como es obvio, queríamos ganar no solamente ese juego, sino el campeonato. Cada vez que íbamos a un partido dábamos lo mejor de cada uno para conseguir el objetivo. Como es de esperar, no siempre lo hacíamos bien y no ganábamos todos los encuentros, lo cual generaba comentarios por parte de la gente. El público gritaba lo que se supone se debería hacer, lo que era más fácil y cómo se debía jugar. Esto fue y sigue siendo así, la gente que se encuentra a nuestro alrededor acostumbra hacer sus comentarios acerca de la manera como se deben hacer las cosas y, después de los hechos, todos son excelentes estrategas.

Creo que a todos los seres humanos nos pasa lo mismo, no solamente en los deportes, sino que frente a cualquier situación cotidiana acostumbramos discutir o comentar la manera en que otros la llevaron a cabo y cómo nosotros lo habríamos hecho. Lo comentamos todo, ¡hasta una película! En síntesis, somos muy buenos comentaristas de lo que nos ocurre o de lo que les pasa a los demás.

En la vida hay dos tipos de personas: los comentaristas y los protagonistas. Solemos ver y comentar el éxito de algunas personas, y en muchas ocasiones podemos decir: "Claro, le va bien porque viene de una familia adinerada", "si yo no hubiera nacido donde nací, seguro hubiera hecho lo mismo", o en ocasiones le damos el crédito a la "buena suerte" y eso nos convierte en comentaristas de los logros de otros. Pero también sucede que nos hacemos comentaristas del polo opuesto, de los que fracasaron y hoy se encuentran sumidos en situaciones lamentables, y llegamos a opinar: "¡Tan torpe! ¿Cómo se metió a ese negocio? ¿Cómo se le ocurre meterse en algo así?" O bien, lanzamos frases como: "Yo hubiera hecho esto de otra manera". La verdad es que, para bien o para mal, terminamos siendo tan críticos de lo que hacen los demás que vemos tanto en los triunfos como en los fracasos una excusa para hacer un comentario o juicio.

Una de las grandes virtudes de los grupos anteriores de personas, tanto de los exitosos como de los "fracasados", es que al menos intentaron hacer lo que querían. En el caso de los exitosos, lo consiguieron, y en el caso de los "fracasados", no lo lograron, pero finalmente, en ambos las personas fueron actores, protagonistas de sus historias y dieron lo que pudieron, de una u otra manera, buscando conseguir lo que anhelaban.

Hay mucha gente que por temor a lo mal que les pueda ir en un desafío no toman ninguna decisión y dejan de convertirse en protagonistas de sus vidas, dejan de seguir el camino a obtener el sueño deseado por esperar las condiciones perfectas para tomar una iniciativa y luchar por conseguir su objetivo, permitiendo que pasen momentos y oportunidades valiosas. Lo interesante es que esta actitud se convierte en un hábito, y luego estas personas se vuelven inseguras de sí mismas y terminan conformándose con la realidad que están viviendo, así sea diferente a lo que anhelan.

Piensa en esto: cuando vas hacia tu trabajo en las mañanas, enciendes el auto y luego sales en la dirección que ya conoces. Nunca dudas si vas a llegar o no, y tampoco esperas que todos los semáforos estén en verde para iniciar la marcha, simplemente sales y cuando tienes que detenerte lo haces, y cuando tienes luz verde continúas, así de sencillo. Esa debería ser nuestra actitud para emprender los desafíos que sabemos que nos permitirán realizarnos como personas, como padres, empresarios, etc. y no esperar que todas las condiciones se den perfectamente para iniciarlos. Así como en la carretera algunas veces nos toca frenar, muchas veces girar y continuar hasta llegar a la meta, así también nos pasa en la vida, pero solo de esta manera somos protagonistas de nuestra propia historia.

Escuchar los comentarios del resto y tratar de complacerlos únicamente nos distraerá de lo que debemos hacer, elijamos estar firmes y no desconcentrarnos, pues los comentaristas siempre verán la vida y sus desafíos desde la perspectiva del que nunca se arriesga a nada por temor y todo lo ve muy fácil desde la vereda de enfrente.

Es mejor intentar conseguir nuestros sueños aunque al final no se logren, que lamentarse toda la vida por no haberlo intentado.

Este tema me hace recordar una historia:

«Un abuelo y su nieto emprendieron un viaje en el que además los acompañó un burro para que les hiciera más liviano el recorrido. El niño iba sobre el burro y el abuelo caminaba al lado del animal.

Cuando pasaron por un pueblo, los lugareños empezaron a exclamar: ¡Qué vergüenza! ¡Lo que hay que ver! El pobre anciano debe ir a pie, mientras el niño lo hace sobre el burro. ¡Es inadmisible!

Ante tales comentarios el niño se sintió mal y decidió que el abuelo fuera sobre el burro y él a pie. Pasaron por otro pueblo y los habitantes del mismo, al verlos pasar, dijeron: ¡Qué falta de caridad! ¡Es inexcusable! El hombre cómodamente viajando sobre el burro y el niñito va a pie.

El abuelo y el niño optaron por subirse al burro y al pasar por una aldea, los aldeanos empezaron a increparles: ¡Son unas malas personas! ¡Qué crueldad! ¡Pobre burro! ¡Los dos montados sobre el animal! ¡Merecen que les diéramos una paliza!

Entonces el abuelo y el nieto decidieron caminar junto al animal, sin montarlo. Al pasar por otro pueblo, la gente se burló de ellos: ¡Qué par de tontos! ¡Tienen un burro y van a pie! Son estúpidos por donde los veas.

Mientras los tres seguían impasibles su camino, el anciano le dijo al muchacho: "Querido nieto, después de todo lo que hemos vivido puedes concluir que, por más que tratemos de hacer caso a los comentarios de la gente nunca podremos satisfacerlos, pues cada ser humano cambia de opinión muy fácilmente. Por eso es que debemos pensar muy bien, meditar y pedirle dirección a Dios en lo que debemos hacer para estar tranquilos y no pendientes de las opiniones de la gente"».

(Autor desconocido)

PRINCIPIOS Y VALORES

Es muy común escuchar a algunas personas decir: "fui criada con principios y valores", o "en mi casa lo más importante fueron los buenos modales y la educación". Pero si te pregunto en este momento cuál es la diferencia entre un principio y un valor, ¿la sabrías? Toma solo unos minutos para pensar la respuesta antes de continuar leyendo.

Un principio es una regla universal que se puede presentar en forma de ley natural. Esta hace referencia al propósito de lo creado, de cada persona, de cada animal, de cada ser, como por ejemplo el hecho que las aves fueron creadas para volar. En otras palabras, que volar es ley natural para un ave, nadar es ley natural para un pez, arrastrarse es ley natural para los reptiles; así también para los seres humanos son leyes naturales la honestidad, la generosidad, integridad, confiabilidad, responsabilidad, etc. Esa ley natural o principio fue lo que se estableció desde la creación como propósito para cada ser. Igualmente se le conoce como "estatuto", una palabra que proviene de 'estatua', es decir, inamovible, inmutable, y este es el fin de los principios, que sean inmutables, que no cambien, que no sean relativos.

En conclusión, un principio es una ley universal inamovible, creada para la preservación de la vida, la moral, las buenas costumbres y la sana convivencia.

Ahora veamos, ¿qué es un valor? Un valor tiene que ver precisamente con un principio determinado que hacemos parte de nuestra vida, incorporándolo a esta. Por ejemplo, un principio es la honestidad, pero cuando me vuelvo honesto, la honestidad se convierte en un valor para mí. Así entonces, todos los principios incorporados a nuestra vida se convierten en un conjunto de valores que puestos en práctica nos convierten en personas verdaderamente confiables.

ESTRUCTURA DE NUESTRA PERSONALIDAD

Una vez que sabemos quiénes somos, debemos tener un carácter bien formado y fortalecido sobre principios y valores, para que sea la columna vertebral sobre la cual se edifique correctamente nuestra vida. Contar con un carácter sólido es algo fundamental si queremos superar cualquier obstáculo que se nos presente.

En diferentes lugares donde dicto conferencias pregunto a la audiencia qué es carácter, y es muy común escuchar respuestas como: "es la manifestación de una persona cuando grita o es muy ruda en su manera de hablar. Entonces se dice que tiene un mal carácter, o por el contrario, una persona es muy callada y a la hora de enfrentar una situación no reacciona, entonces se dice que no tiene o le falta carácter".

Más adelante lo explicaré en profundidad, pero para ejemplificar el carácter, inicialmente voy a utilizar el concepto del *iceberg*, pues este representa la profundidad de las decisiones que debe tomar el ser humano. La palabra "iceberg" proviene del islandés y significa "montaña de hielo". En el mar se encuentran estas grandes masas de hielo que van a la deriva y, a pesar de ser enormes, solo vemos el 10% de su verdadero tamaño. El 90% restante está oculto a simple vista. Precisamente esto es lo que las hace tan peligrosas para la navegación y para las plataformas petroleras instaladas en alta mar, ya que como no tienen control, golpean, rompen, dañan y destruyen, "van a la deriva", significa que son las corrientes marinas y los vientos los que las impulsan, cambiando su rumbo según la fuerza de estos fenómenos naturales.

En el caso del ser humano sucede algo similar. Muchas veces vamos por la vida ignorando la importancia de nuestras decisiones y que la gran mayoría de estas no son del todo propias, sino que obedecen a ciertas corrientes como la cultura, las costumbres, los malos hábitos, la influencia de los grupos, la familia, amigos, etc. Debemos ser muy cuidadosos con esta tendencia a hacer simplemente lo que el resto hace, sin preguntarnos si es correcto o no, pues desafortunadamente muchas costumbres se vuelven ley para nosotros aun cuando no sean justas y correctas.

Debemos trabajar en la firmeza de nuestra identidad y en el fortalecimiento de nuestro carácter, tanto en nosotros los adultos como en nuestros hijos, pues un carácter sin control, al igual que un *iceberg*, golpea, rompe, daña y destruye. Eso que está visible a los ojos de los demás representa solo un 10% de nosotros y el 90% restante es lo que verdaderamente somos, la base de nuestra vida, lo que no se ve a simple vista.

Cuando profundizamos en nuestra vida y decidimos ser guiados por los principios universales, comenzamos a tener control sobre nosotros y sobre lo que puede afectar a los demás, este dominio propio nos lleva a ser más cuidadosos y entonces sabemos actuar de acuerdo a lo correcto y no de acuerdo a impulsos emocionales que tanto nos cuestan. Por eso, cuando nuestras decisiones son correctas y ajustadas a los principios universales, nos ocurre como los *icebergs* controlados y remolcados a las cercanías de los pueblos costeros, que se convierten en una fuente de vida para muchos. Un *iceberg* de trescientas mil toneladas de hielo puede proporcionar agua durante tres años a una población de doscientos mil personas. De igual manera, un carácter controlado se convierte en una fuente de vida para nosotros mismos y para las personas con las que nos relacionamos.

Debido a esto es que necesitamos someternos a un proceso de transformación para que renovemos nuestro entendimiento, es decir, no para actuar porque sí, ya que así nos lo enseñaron, o porque así lo hace todo el mundo, sino para que pensemos y actuemos con entendimiento de acuerdo a la verdad de los principios universales.

EL CARÁCTER Y EL ÁRBOL

Durante el transcurso de la vida podemos encontrar analogías y símbolos que nos permiten dibujar con facilidad en nuestra mente el significado y la importancia de las cosas que nos interesan o queremos explicar. Nuestro cerebro hace, de manera maravillosa y única, una asociación entre las cualidades de la palabra y busca imágenes que encierran el total de sus características. Entonces, si quisieras explicar el carácter de manera gráfica, cerrando los ojos, ¿cuál es la primera imagen en la que piensas? Quizá puedas pensar en una fortaleza, un castillo, unos bloques de cemento que construyen algo como una pared, una montaña, un árbol, una roca o un eslabón. De alguna manera, buscamos una imagen que reúna todos o la mayoría de los atributos y, en este caso, considero que el árbol es la analogía más apropiada para explicar detalladamente el carácter del ser humano.

Empecemos por conocer un poco acerca de los árboles... Existen aproximadamente unas cien mil especies y son un veinticinco por ciento del total de las especies de plantas vivientes. Si bien es cierto que la mayoría de los árboles están concentrados en las regiones tropicales de nuestro planeta, muchos de ellos han logrado adaptarse a los más variados climas y medioambientes.

Aunque no todos los árboles fueron creados para dar fruto, cada uno cumple propósitos fundamentales en su clase, por ejemplo, los árboles forestales se usan para la producción, los frutales para proveer alimentos y los de ornamentación para decoración. Para dedicarnos a nuestro tema del carácter, nos enfocaremos en los árboles frutales como la analogía más apropiada.

Así como existe diversidad de árboles, encontramos millones de seres humanos, diversos en sus comportamientos, clases, culturas y conocimientos. Cada uno también con diferente propósito y diferente carácter, y tal como ocurre con los árboles, en el transcurso de la vida, todos los seres humanos también damos diferentes frutos conforme a lo que somos.

En el caso de los árboles, aun cuando la semilla inicial sea pequeña y frágil, muchas veces incolora y sin movilidad, no sabemos con certeza si vivirá o crecerá, si dará fruto o si logrará prosperar por los vientos. ¿Qué sucederá con esta en alguna inundación sorpresiva? ¿Sobrevivirá a los insectos y a los animales del camino? Nos preguntamos también si la tierra en la que la pondremos es la apropiada, en fin... su futuro es incierto. Sin embargo, siempre estará la esperanza de que una semilla germine, prospere y dé fruto, permaneciendo en el tiempo.

Es así como el carácter nace, se va desarrollando y moldeando durante el crecimiento y desarrollo de nuestras vidas. Poco a poco, las raíces de lo que será un árbol toman fuerza para profundizarse y captar todo lo que requiera a su alrededor. Así mismo, cuando somos niños damos los primeros pasos de este proceso que durará toda una vida y en esos primeros pasos vemos cómo actúan nuestros padres, hermanos y las personas más cercanas. Siendo niños observamos todo y recibimos información que nos facilita ir adoptando de manera natural algunos comportamientos y actitudes que son aceptadas por quienes nos rodean.

El carácter de un niño es el resultado de la interacción de nuestro esquema genético, el ambiente y la educación que recibimos. Dependiendo del tipo de influencia que recibamos, adoptamos algunas similitudes de comportamientos de quienes están a nuestro alrededor. Se ha demostrado que las primeras experiencias influyen en las actitudes hacia el proceso de aprendizaje, en el concepto que el niño tiene de sí mismo y en la capacidad para formar y mantener relaciones sociales y emocionales en el futuro.

El desarrollo de los árboles es similar a lo que sucede con los niños. Luego de germinar las pequeñas plantas se enfrentan a un proceso de absorción de nutrientes y de afirmación a la tierra, con sus raíces se fortalecen para afirmarse al suelo y para que cada parte, como su tronco y sus hojas, adquieran la fuerza para crecer.

Durante la siguiente fase de los seres humanos, que llamaremos "la adolescencia o la juventud", no se producen cambios radicales en las funciones intelectuales, ya que estas van avanzando paulatinamente. Pero se observa un avance en la capacidad para entender problemas complejos. Es el período en el cual necesitamos fortalecer nuestro "yo", sentirnos autónomos e independientes socialmente. La interacción y la socialización fortalecen nuestros rasgos de carácter, nuestro temperamento y personalidad.

En el desarrollo y crecimiento de los árboles algunas partes cambian de nombre. Por ejemplo, deja de existir el tallo débil y empieza a ser llamado tronco, por su composición de columna que se inspira para alcanzar el tamaño de los de su clase y especie. En esta etapa ya no es tan fácil arrancar

41

de la tierra a ese pequeño árbol, pues las raíces han avanzado y se afirman en múltiples ramificaciones.

En los seres humanos, ya en la etapa de adultos, se evidencia con claridad el proceso de entrenamiento previo, probablemente definido por una serie de hechos, dentro de los que se describen errores o recompensas de acuerdo a vivir sucesos de desarrollo programado y ordenado. Es realmente en esta etapa en la que somos conscientes de las fortalezas y las debilidades de nuestro carácter y cómo afectan el avance y el logro de los propósitos. Iniciamos procesos de mejoramiento, nos preocupamos por lo intelectual, por las metas financieras, apreciamos el hecho de estar acompañados, el compartir objetivos. Somos un poco más abiertos a entender la vida, lo que los demás esperan y lo que nosotros damos.

Cuando los árboles ya llegan a su crecimiento y etapa adulta completa, dan sus primeras flores y posteriormente sus primeros frutos, que se caracterizan por ser los mejores, debido al proceso previo de preparación que ha tomado tiempo. Este árbol fuerte y sano experimenta así uno de los procesos más importantes de la vida, que es poder ser útil dando su fruto. El ser humano representa este árbol, que a simple vista se ve formado, completo, fuerte, frondoso y vivo, listo para dar de sí. Entonces, su carácter se ve reflejado en la fortaleza del tronco y las consecuencias serán las flores y frutos que ofrezca.

A través de los siguientes temas que desarrollaremos a continuación, intentaré explicar cómo el carácter influencia todo lo que somos y lo que hacemos. De ahí la importancia de ser más conscientes de este, revisando permanentemente si el fruto que damos es el mejor.

CARÁCTER... ¿DE QUÉ HABLAMOS EN REALIDAD?

Carácter es el conjunto de componentes que distinguen a una persona en su modo de ser y comportarse, individualizándola. Este aspecto ético se universalizó, denotando desde siempre lo distintivo de una persona o también de un grupo o nación.

Existen muchas posturas sobre si el carácter es innato o adquirido y las conclusiones demuestran que es una combinación de ambos. Existe la certeza de que nuestro carácter se ve afectado rotundamente por el medioambiente, la cultura y el entorno social en el que cada uno nos formamos y desenvolvemos.

El carácter es una combinación de valores, sentimientos y actitudes, es decir, hace referencia a cómo una persona percibe a los demás, a los objetos y los conceptos. En determinados contextos, al hablar del carácter de un hombre se hace mención a su personalidad y temperamento, es por eso que debemos tener claridad, entendiendo estas definiciones.

La palabra "carácter" proviene del latín *character, -eris*, que significa marca y es la exteriorización de nuestro "yo", lo que somos, la esencia. Normalmente recordamos a las personas por su carácter o por la marca impresa que dejan en nuestra mente y en nuestras vidas, generando admiración, respeto, seguridad, liderazgo, alegría o, por el contrario, de manera negativa, por reacciones que van dejando huellas en determinados momentos. Ejemplos de esto son la ira, la contienda, el enojo y otros, que aparecen en algunas circunstancias.

El carácter se va desarrollando a través de la vida del ser humano, cuando ha conformado un conjunto de situaciones neurosíquicas de las actividades y actitudes que resultan de una progresiva adaptación o regulación del temperamento a las condiciones del ambiente social. Depende de la relación social que mantiene el individuo con su comunidad, el reflejo de las condiciones personales y la manera de vivir.

En cambio, el temperamento, que estudiaremos más adelante en profundidad, es una combinación de características que heredamos de nuestros padres y otras que son propias, y dan como resultado nuestra estructura básica. Actualmente se acepta que ciertas condiciones del temperamento se deben a procesos fisiológicos del sistema linfático, así como a la acción endocrina de algunas hormonas. En resumen, es la combinación de características con las que nacemos y que afectan subconscientemente nuestro comportamiento. Estas características están dispuestas genéticamente y varían según algunas bases como la nacionalidad, raza, sexo y otros factores hereditarios transmitidos genéticamente.

El temperamento tiene, por lo tanto, un considerable porcentaje genético. También se acepta, de forma general, que los efectos intensos y permanentes del entorno pueden llegar a influir de forma importante en la formación del temperamento de cada individuo. Sea como sea, como norma general se dice que el temperamento viene dado por la genética, mientras el carácter se forma a partir de este, asimilando las vivencias y experiencias que proporciona el entorno.

La personalidad es la expresión externa y visible de una persona, que depende de lo auténtico que seamos ante los otros y el mundo. Es lo que queremos mostrar a los demás, que se da de manera natural o creada. Cada uno de nosotros conocemos cuáles son nuestras fortalezas y debilidades, lo que sentimos, lo que sabemos, lo que no sabemos y hasta dónde podemos llegar. Intentamos conocer profundamente nuestro corazón y salir adelante ante cualquier situación. La personalidad es la herramienta que permite mostrar eso mismo, su ambiente de operación es lo visible y se desarrolla siempre dentro de las relaciones humanas. Es allí donde siempre quiere mostrar lo mejor de cada uno o a la persona fuerte y poderosa, que muchas veces puede ser simplemente una fachada.

Nuestro carácter puede cambiar según las etapas de nuestra vida, los distintos eventos, y puede marcarnos temporalmente con características que no corresponden y que pueden generar en otros actitudes de rechazo o descontento. Es por eso que el estar conscientes de él y del dominio propio, nos permite llevar una vida más sana desde toda perspectiva.

El carácter de una persona influye mucho en todos los entornos en que se desempeña, ya sea en el trabajo, en su casa, en los grupos de interés como deportivos o sociales, y en la vida diaria. Puede afectar directamente la obtención de logros y avances en el transcurso de la vida. Por eso es tan importante que conozcamos nuestro carácter, que reconozcamos nuestras fortalezas y debilidades, y que determinemos cómo aprovecharlas, así también, en qué momento usar lo mejor de cada uno, potencializándolo no solo para alcanzar nuestros objetivos, sino también para ser mejores seres humanos.

Desde la perspectiva de la salud, las personas que tienen un carácter débil y que se encuentran en permanente estado de alteración, tarde o temprano sufren todo tipo de presiones, tanto en el sistema inmunológico como en la calidad de vida y de salud integral, deteriorando su bienestar. Inclusive se ha comprobado que hay una relación directa entre el carácter de una persona y algunas enfermedades como el asma, psoriasis, problemas hepáticos, cáncer, ataques cardíacos, tensión alta, migrañas, artritis, así como desde la perspectiva de la salud mental, enfermedades como la depresión y aislamiento, entre otras.

Nuestro éxito o fracaso está medido por nuestro carácter, ya que gracias a este se determinan nuestras actitudes, las decisiones y las acciones a lo largo de nuestras vidas. Los hombres y mujeres con carácter correcto son aquellos que tienen una mayor actitud de éxito, los que consiguen resultados de grandeza, que están preparados para los desafíos de la vida más complejos y tienen el valor de enfrentarlos hombro a hombro. Tener carácter implica una decisión firme y una férrea voluntad para proponernos objetivos y alcanzarlos en la medida de nuestras posibilidades, constancia en el cultivo de los buenos hábitos, una actitud positiva hacia el trabajo y el esfuerzo continuo por dominar los impulsos de nuestro temperamento.

En la Biblia, por ejemplo, encontramos historias de cómo el carácter firme transformó naciones completas, hombres y mujeres con diferentes temperamentos y personalidades dispuestos a cumplir lo que se les encomendaba, como Noé, Abraham, Isaac, Jacob, José, Moisés, Josué, David, Salomón, Elías, Eliseo, Daniel, Juan, Pablo, Job, Timoteo, entre otros, y mujeres como Ruth y Esther... y sobre todos ellos, Jesús.

No cabe duda que un carácter firme puede sustentarse o alimentarse de la calidad de persona que el individuo es, porque exhibe lo mejor de sí como ser humano, en sus cualidades y relaciones interpersonales.

La vida da muchas lecciones y cada día vivimos en una montaña rusa de circunstancias en donde debemos poner a prueba nuestro carácter, estas solidifican o afianzan muchas virtudes en nosotros o en otros casos afloran otras temporales. ¡No esperemos a que sean las situaciones adversas las que modelen nuestro carácter!

Las fatalidades para nadie son agradables y cuando se presentan nos ponen a prueba de una forma significativa, exigiendo de nosotros adaptación a los cambios, generalmente difíciles de aceptar. Incluso los cambios positivos (trabajo, vivienda, actividad) también logran producir estrés y demandan capacidad de adaptación. Pareciera existir una ciencia del buen vivir basada en la actitud y la disposición a los múltiples eventos de la vida. Mientras alguien que sufre una decepción la asume como un motivo para la superación personal, otros deciden acabar con su vida, creyendo encontrar así la solución a todo.

Enfrentar cada circunstancia requiere aprender el verdadero arte de la vida, que consiste en salir triunfante de cada situación que se presente, la cual demanda los recursos físicos, emocionales y espirituales para continuar con el crecimiento y desarrollo personal al que está llamada cada persona: ser mejor, obtener más calidad humana y espiritual. Algunos enfrentan sus crisis y problemas maldiciendo a Dios, a sus seres queridos y su propia vida, otros se hunden más en su abandono y hay quienes se amargan por todas las cosas que les suceden. Seres humanos ahogados en desesperación, dispuestos a renunciar a sus más profundos anhelos porque los resultados no salen como anhelaban o porque creen no merecerlos.

Tratar de disfrutar y aprender de cada situación no es fácil, pues exige conciencia, discernimiento y la mejor actitud en el individuo. Estas prácticas no son muy comunes; sin embargo, debemos aprender a extraer lo mejor de cada vivencia, percibir lo que nos da y nos enseña la vida. Todo dependerá de nuestra actitud: nos fortalecemos o nos debilitamos.

La vida no gira naturalmente hacia el caos, como nos bombardean cada día los medios, la vida debemos tomarla como algo mejor cada día, concebirla así en nuestra mente. Un carácter sano se fortalece aprendiendo de los eventos que vienen a opacar y minimizar los recursos integrales de la persona y nuestro carácter se verá fortalecido si enfrentamos la vida, si escogemos la mejor parte de lo que las circunstancias nos están enseñando, por más incómodas que lleguen a ser.

BASES PARA DESARROLLAR EL CARÁCTER

Para desarrollar un carácter efectivo se requiere trabajar en:

♦ **La autodisciplina y la conciencia**
Se necesita una cuota suficiente de ambas para no olvidarse en ningún instante que se está trabajando en moldear las debilidades. Uno de los problemas principales de quienes se proponen desarrollar su carácter no es qué tan difícil sea, sino por cuánto tanto tiempo pueden recordar y permanecer conscientes y disciplinados trabajando en ello.

♦ **La seguridad personal y la convicción**
Quien trabaja en esto debe confiar que puede lograrlo. Nada es imposible para el que cree y el objetivo estará tan cercano o lejano como se vea.

◆ Los valores y la ética

Cuando pensamos en nosotros como seres humanos y lo que queremos recibir de los demás, es más fácil comprender lo que somos y damos a otros, entonces podemos pensar en el bien común. Los valores y la ética están cimentados en esos principios fundamentales que nos permiten orientar nuestro comportamiento en función de realizarnos como personas sin ir en detrimento del otro. Ejemplo de esto son la honestidad, la transparencia, el respeto, la integridad y la equidad, entre otros.

En resumen y para poner en práctica:

◆ Conocer quiénes somos realmente.

◆ Tener claro que podemos lograr un cambio sustancial y mejorar nuestro carácter.

◆ Conocer nuestra propia dinámica de vida emocional: ¿qué nos indispone?, ¿qué nos hace sacar lo mejor de nosotros mismos?

◆ Poner en práctica el dominio propio en las situaciones cotidianas que lo requieran.

◆ Incorporar valores, virtudes, hábitos adecuados de vida. Todo esto se logra con la actuación bondadosa hacia los demás y el entorno. Un valor se adquiere a medida que se practica en uno mismo y hacia los demás.

♦ Aprender de otros es importante. Hay personas que son buen testimonio y actúan coherentemente, implementan valores en su vida y relaciones con otros.

♦ Ser consciente de la necesidad constante de cambio personal.

¡Vive como las flores!

«—Maestro, ¿qué debo hacer para no molestarme con los demás? Algunas personas hablan demasiado, otras son ignorantes o indiferentes. Siento odio por las que son mentirosas y sufro con las que calumnian.

—¡Pues, vive como las flores! —advirtió el maestro.

—Y... ¿cómo es vivir como las flores? —preguntó el discípulo.

—Pon atención a esas flores —continuó el maestro, señalando unos lirios que crecían en el jardín —. Ellas nacen en el estiércol; sin embargo, son puras y perfumadas. Extraen del abono maloliente todo aquello que les es útil y saludable, pero no permiten que lo agrio de la tierra manche la frescura de sus pétalos. Es justo angustiarse con las propias culpas, pero no es sabio permitir que los vicios de los demás te incomoden. Los defectos de ellos son de ellos y no tuyos. Y si no son tuyos, no

54

hay motivo para molestarse... Ejercita pues, la virtud de rechazar todo el mal que viene desde afuera y perfuma la vida de los demás haciendo el bien. Esto es vivir como las flores».
(Autor desconocido)

Pensamientos para reflexionar:

♦ "Un hombre de carácter podrá ser derrotado, pero jamás destruido".
Ernest Hemingway

♦ "Casi todos podemos soportar la adversidad, pero si quieres probar el carácter de un hombre, dale poder".
Abraham Lincoln

♦ "Al de carácter firme lo guardarás en perfecta paz, porque en ti confía". La Biblia Nueva Versión Internacional,
Isaías 26:3

♦ "Sea el carácter de ustedes sin avaricia, contentos con lo que tienen, porque Él mismo ha dicho: «Nunca te dejaré, ni te desampararé»".
Nueva Biblia Latinoamericana de Hoy,
Hebreos 13:5

♦ "La resistencia produce un carácter aprobado, y el carácter aprobado produce esperanza". La Biblia Reina Valera Contemporánea, Romanos 5:4

♦ "El verdadero carácter siempre aparece en las grandes circunstancias".

Napoleón Bonaparte

♦ "La mayor riqueza de un hombre no es una cuantiosa fortuna, sino un buen carácter".

Young

♦ "La firmeza de carácter se traza a través de una regla de conducta".

Guillermo Palau

♦ "Nuestro carácter es el resultado de nuestra conducta".

Aristóteles

10 HERRAMIENTAS PARA FORTALECER EL CARÁCTER

Teniendo claro los conceptos básicos de temperamento, carácter, principios y valores, voy a compartir ahora diez herramientas o valores fundamentales para fortalecer el carácter del ser humano, llevándolo así a una vida de plenitud y éxito. Lógicamente existen más disciplinas que ayudan a lograrlo, pero aquí sugiero estas, de acuerdo al modelo creado por La Red Business Network International.

♦ Confiabilidad
♦ Humildad
♦ Honestidad
♦ Trabajo
♦ Generosidad
♦ Dominio propio y moderación
♦ Motivos
♦ Paciencia
♦ Productividad
♦ Temperamento

HERRAMIENTA # 1

SÉ CONFIABLE

La confiabilidad se desarrolla a partir de la palabra confianza y se desenvuelve en la fiabilidad o certeza. La impresión y la opinión firme que se tiene de que una persona u objeto será o se desarrollará según las expectativas que se tienen de ella, por buena fe o intuición más que por pruebas o experimentación.

La confianza está edificada sobre los principios y los valores y no puede ser vista fuera de este contexto. Todo en la vida se desenvuelve sobre esta premisa. Gracias a ella se desarrollan los negocios, las familias, las relaciones, los equipos de trabajo, el compañerismo, etc. Es por esta razón que siempre los seres humanos nos movemos hacia ambientes de confianza y es de vital importancia que existan las manifestaciones de confiabilidad en toda relación.

Así como el carácter es la marca, la confianza es la impresión. Es esencial, para tener relaciones y amistades significativas y de largo plazo, estar convencido del otro y confiar en que su "sí" será un sí real y su "no" un no contundente, siendo inmodificables ante las distintas circunstancias. La confianza hoy en día se ha convertido en la clave de liderazgo de la nueva economía global. Las personas y las empresas que se preocupan por mantenerla logran llegar a donde nunca hubiesen imaginado debido a que se convierten en una marca. Hoy en día, diferentes compañías en el mundo entero venden todos sus productos, inclusive sin hacer publicidad, debido a que ganan tanta confianza que generan clientes por herencia. ¿Qué significa esto? Que los primeros clientes que deciden comprar su producto y lo prueban, lo usan, comprueban que en verdad es lo que les prometieron, creando fidelidad gracias a la confianza que les genera el uso de estos, esto los lleva a "casarse" con la marca, sin interés por cambiar a otro producto y luego, sus hijos y sus nietos también son clientes debido a esa primera imagen y a esa confianza.

Una persona confiable se reconoce por estos aspectos sobresalientes:

♦ **Honestidad**

Consiste en comportarse y expresarse con coherencia y sinceridad, de acuerdo con los valores de verdad y justicia. Se trata de vivir de acuerdo a como se piensa y se siente.

♦ **Benevolencia**

Es el grado en que se cree que el otro quiere hacer un bien a alguien, en ningún caso lo perjudicaría y es capaz de postergar los motivos de beneficios personales por el otro. En otras palabras, se da cuando existe un balance entre el autointerés y la preocupación por los demás.

♦ **Integridad**

Se refiere a cómo percibir a otro en referencia a un conjunto de principios que aquel que confía considera aceptables. Tiene estrecha relación con las expectativas que se tenga acerca de quien se le entrega la confianza y que este muestre una conducta consistente entre sus palabras y sus acciones.

◆ Lealtad

La lealtad es una virtud que se desarrolla en la conciencia y que implica cumplir con un compromiso aun frente a circunstancias cambiantes o adversas. Se trata de una obligación que nosotros tenemos con los demás, con las organizaciones, con lo que nos rodea, cumpliendo con lo que prometimos y manteniendo la palabra.

Las personas confiables hacen todo lo que esté a su alcance para evitar que las situaciones externas y los imprevistos deterioren la confianza y que esta se torne en engaños y mentiras, los cuales son sus principales aniquiladores.

Pasos para desarrollar la confianza:

◆ Hacer lo que decimos

Posiblemente el paso más importante para construir confianza es cumplir lo que decimos, o al menos intentarlo, aunque se trate de algo pequeño. Por ejemplo, si decimos: "te llamo en la tarde", hazlo o como mínimo, envía un mensaje de texto diciendo: "no me he olvidado de llamarte. Lo haré en minutos", y cumplir. El no hacerlo, construirá pequeñas fracturas en tu línea de confianza ya que esta requiere que la gente vea que puede contar contigo. No podemos romper las promesas por muy pequeñas e insignificantes que parezcan.

♦ No mentir

Suena fácil, ¿verdad? Pero nos consta que no siempre lo es. Es sorprendentemente común encontrarnos diciendo una pequeña mentira para quedar bien. Algunas circunstancias como el tráfico, el cansancio, las ocupaciones, el proteger a un amigo, hijo o incluso a nuestros padres, hace que muchas veces no digamos la verdad, o que el mensaje sea modificado a conveniencia. Pero si contamos la verdad, aunque no sea muy agradable, ganamos puntos de confianza. Si no mentimos, la gente lo apreciará y la honestidad siempre será valorada, y si mentimos, ¡admitámoslo! Frente a esto, lo mejor es que con humildad confesemos nuestra mentira y expliquemos el motivo. Y si nos confrontan por una mentira, no lo neguemos, pues caeremos en un círculo sin salida y luego será otra mentira tras otra.

♦ Demos información en forma voluntaria

Cuando haya una oportunidad de ser imprecisos, no la tomemos. Proporcionemos información completa mientras podamos, demos rienda suelta a la comunicación cuando se requiera. La información voluntaria a quien nos escucha permite entender de manera más exacta y mostramos que no tenemos nada que esconder.

¿Cómo romper la confianza?

Ejemplo:

-*"¿Cómo te fue en la reunión de presentación del proyecto?"*

-*"Nos fue bien".*

¿Cómo construir confianza?

Ejemplo:

-*"¿Cómo te fue en la reunión de presentación del proyecto?"*

-*"Nos fue bien y aunque resultó un poco estresante la preparación de toda la documentación y casi no tuvimos tiempo, nos aceptaron la propuesta. Está pendiente de firmarse y vamos a enviar los documentos mañana".*

En ambos casos no estamos diciendo nada distinto, pero con la información adicional estamos probando que mostramos nuestros sentimientos, emociones y que al compartir un poco más, no tenemos nada que esconder y mucho que ganar.

◆ Seamos objetivos y neutrales

No asumamos posiciones cuando estemos en una circunstancia difícil. Siempre es necesario escuchar y revisar todas las versiones o los antecedentes antes de tomar un papel o emitir un juicio, pues esto genera confianza y nos muestra como una persona justa. Así la gente confiará en que no tomamos decisiones con ligereza ni con emociones, sin contar con toda la información.

◆ Si queremos que algo sea privado, hagámoslo saber

No tenemos que renunciar a nuestros asuntos más íntimos solo para generar confianza, todos tenemos derecho a la privacidad, pero la clave para ser de confianza es dejar claro que queremos mantenerla. Por ejemplo: "No estoy preparado para hablar sobre mi renuncia ahora, pero te prometo que no tienes nada de qué preocuparte". Esto da a la persona que escucha la oportunidad de demostrar que es comprensiva y paciente, pero más importante aún, le da una sensación de seguridad. Aunque no le guste que le ocultemos algo, verá que somos de confianza.

◆ Seamos leales

No hay nada más valioso que contar desinteresadamente con alguien, esto se refiere a nuestra habilidad para proteger a otros que estén de nuestro lado, esto en su presencia, y más importante aún, también en su ausencia.

◆ No omitamos detalles importantes

Cuando las personas que nos escuchan están atentas a lo que decimos y dejamos de lado detalles importantes, es difícil que mantengan la atención. ¿Cuál es la razón de esto? Porque es difícil seguir el hilo de una historia omitiendo partes de esta. La gente comienza a perderse, puede sentir que hay contradicciones y considerar que hablamos sin sentido y dejan de creernos, aunque quizás solo estemos omitiendo detalles irrelevantes.

Contemos a la gente las cosas que quieren o necesitan saber. Si proporcionamos información de confianza, comenzarán a seguirnos, creernos y a confiar en nosotros.

◆ Seamos coherentes en nuestro comportamiento

Debemos ser consistentes y mantenernos firmes en nuestras respuestas y en la forma de hacer correctamente las cosas. Esto manifiesta nuestra confianza, se pueden predecir nuestras acciones y también determinará nuestra habilidad de tener autoridad en el momento de juzgar las situaciones o que nos pidan una opinión o consejo.

♦ **Tengamos nuestra mente abierta**
Esto implica confiar en una persona que nos diga cómo ve nuestras acciones desde su perspectiva y aceptar las sugerencias con sencillez y verdad.

♦ **Esforcémonos por trabajar en una fuerte moral ética**
Que la base en la que nos desarrollemos sea de principios y valores. Esto es particularmente importante en las relaciones, pues los demás deben sentirse con la confianza plena de que no los traicionaremos de cualquier forma cuando estemos lejos o no estén presentes.

La confianza

"A cada paso que daba bajaba la mirada y se sorprendía al ver que no caía, sino que seguía en pie. Es más, a cada paso que daba no solo no se derrumbaba, sino que avanzaba y lograba continuar el camino que hacía tanto tiempo había empezado. Camino que creyó ya

terminado, pero estaba inacabado desde aquel lejano día en el que desfalleció. Las causas, ni las recuerda ni desea hacerlo, a quien sí recordaba era a una mujer que instantes antes se había encontrado. Ella lo miró y le sonrió al pasar a su lado, y él, aun estando agotado se levantó para verla alejarse por donde había venido. Rara vez se movía, en sus cada vez más frecuentes instantes de descanso, al ver a alguien pasar, pero en esta ocasión, sin ser consciente de ello, lo hizo. Y, casualmente, desde ese momento sus pasos se hicieron menos pesados, el camino más llano, el dolor más liviano.

Recordando a ratos, intentando olvidar en otros, siguió andando y llegó a un cruce en el que estaba un viejo ciego, sentado en una pequeña piedra, que parecía esperar a alguien. El viejo, aún sin poder ver, intuyó su llegada, así que él le preguntó:

—¿Quién era esa mujer que se cruzó en mi camino? Pasó por aquí hace poco y aunque no pudiste verla, seguro también la intuiste.

—¿No la recuerdas, tiempo atrás? —le respondió—. *Vaya, puede que quizá ni la conocieras, al igual que muchos otros que por aquí pasan.*

—Pero... ¿por qué me levanté a su paso,

67

cuando apenas podía moverme? ¿Por qué ahora puedo seguir adelante?

—Eso es algo que solo tú sabes —le dijo el ciego.

—¿Conoces acaso su nombre?

—Sí. Pero... quizás debido a mi edad, lo olvido con frecuencia. Se llama "Confianza". Es ella quien me ayuda a andar sin tropezar, quien me guía en mi camino, quien me ayuda a apreciar la belleza que ya no puedo ver. Se llama "Confianza", pues en ella se basa mi vida.

Y tras estas palabras encontró respuestas a muchas de sus preguntas.

La confianza, es cierto, en ella se basa la vida".

(SENS)

Pensamientos para reflexionar:

♦ *"Los discursos inspiran menos confianza que las acciones".* Aristóteles

♦ *"La confianza en sí misma es la primera clave del éxito".* Ralph Waldo Emerson

♦ *"La confianza ha de darnos paz. No basta la buena fe, es preciso mostrarla, porque los hombres siempre ven y pocas veces piensan".* Simón Bolívar

♦ *"Nadie que confíe en sí, envidia la virtud del otro".* Cicerón

♦ *"Por eso me acuesto y duermo en paz, porque solo tú, Señor, me haces vivir confiado".* Biblia Reina Valera Contemporánea, Salmos 4:8

♦ *"Señor, toda mi vida he esperado en ti, y he confiado en tus promesas".* Biblia Reina Valera Contemporánea, Salmos 130:5

♦ *"Si un ejército acampa contra mí, no temerá mi corazón. Si contra mí se levanta guerra, a pesar de ello, yo estaré confiado".* Nueva Biblia Latinoamericana de Hoy,
Salmos 27:3

♦ *"Quien no tiene confianza en el hombre, no tiene ninguna en Dios".*
George Chapman

HERRAMIENTA # 2

SÉ HUMILDE

La humildad es una virtud que permite reconocer que no somos perfectos, que como seres humanos tenemos limitaciones, que debemos admitir que nos equivocamos y que en el transcurso de la vida estamos enfrentados a un mar de vivencias en donde tenemos que asumir responsabilidad de nuestros actos. Es precisamente allí donde entra a operar la humildad pues es la herramienta para autoevaluarse y reconocer que pudimos haberlo hecho mejor. Es también la que nos ayuda a proponernos no volver a fallar o por lo menos intentarlo.

Es una herramienta poderosa porque cuando la usamos nos impulsa otras virtudes tales como la tolerancia, la prudencia, la mansedumbre, la paciencia, la fe, la esperanza y nos hace más valiosos como seres humanos, pues nos permite crecer y sentirnos libres de cargos de conciencia.

Cuando ponemos en práctica la humildad, se convierte en un estilo de vida, un modo de ser. ¡Vivimos felices! Si algún acontecimiento nos sacude sorpresivamente, el humilde sabe recibir los golpes de la vida con fe y resignación y pronto su alma encuentra el alivio necesario. No se angustia ni turba ante situaciones sorpresivas. No pierde su composición ante la crítica porque son oportunidades de crecimiento personal.

La humildad trae consigo otras ventajas como el permitirnos perdonar con facilidad, ser agradecidos y ver la vida desde una perspectiva de conciencia con los otros y con cada cosa a nuestro alrededor. Reconocer nuestras debilidades, cualidades y capacidades y aprovecharlas para obrar en bien propio y de los demás, sin decirlo o alardear por ello.

CLAVES DE LA HUMILDAD

Las tres claves importantes de la humildad son: la aceptación, el reconocimiento y la determinación.

- ◆ Aceptación: Cuando podemos ver que nos equivocamos.
- ◆ Reconocimiento: Cuando lo aceptamos.
- ◆ Determinación: Cuando decidimos cambiarlo.

Así como hablamos acerca de qué significa la humildad, es importante resaltar cuáles son los resultados de la falta de esta y, entre estos, los más significativos son:

◆ Vivimos una vida falsa, porque justificamos mentiras, cometiendo errores una y otra vez, en un círculo sin salida.

◆ Perdemos el norte de la vida y las oportunidades de crecimiento en todas las áreas.

◆ Perdemos el enfoque, el objetivo, siendo imposible lograr la concentración y el avance hacia el logro porque prevalece la soberbia.

◆ Aumentamos los conflictos en las interacciones a nivel personal, social y familiar.

◆ Fomentamos el ego, la hipocresía y otros destructores que se fortalecen prontamente llevando al fracaso y la soledad.

◆ Aumentamos la justificación, el afán y la ansiedad por la imagen que proyectamos. La inseguridad y la automotivación se vuelven cíclicas porque no hay coherencia entre el qué y el para qué.

En definitiva, el humilde se hace grande y poderoso por la coherencia de sus acciones.

Pasos para desarrollar la humildad:

◆ **Reconocimiento de nuestros logros y avances**

Es muy común que en algún momento nos podamos sentir orgullosos de nuestros logros, de nuestros avances, y la verdad eso no está mal, pero ese tipo de orgullo debe ser uno que no incomode a los demás, sino por el contrario, debe ser de agradecimiento a Dios y a la vida por las circunstancias que nos permite tener la victoria de nuestro esfuerzo. Cuando ese orgullo es desinteresado, al compartirlo como experiencia de vida y permitir que otros crezcan, al enseñar lo que aprendimos y dar los detalles de motivación que pueden ser adoptados por otros, se convierte en humildad. De esta manera, las demás personas que nos conocen y nos rodean no nos verán como altivos, sino por el contrario, nos buscarán, porque generaremos en ellos las ganas de querer alcanzar lo mismo.

◆ **Reconocimiento de nuestras fallas y limitaciones**

Aunque nuestra autoestima sea muy alta y nos creamos invencibles, no podremos lograr con nuestras fuerzas absolutamente todo lo que soñamos en la vida. Existen circunstancias que requieren de nuestra madurez y el paso de los años para alcanzarlas. Tampoco todos podemos hacer "de todo", estamos hechos para intentarlo, pero debemos reconocer nuestras limitaciones. Un ejemplo de esto es entender que aunque quisiéramos ganar una medalla olímpica en un mundial, no todos nacimos ni nos entrenamos para esa meta. Algunos no somos tan rápidos, no tenemos el estado físico que se requiere, o tal vez nuestra edad ya no nos ayudaría a lograrlo, pero eso no significa que dejemos de perseguir otros objetivos. Cuando cometemos fallas, esto nos permite valorar y mirar retrospectivamente los antecedentes, el transcurso y las conclusiones de la situación, así como analizar por qué sucedió. No estamos exentos a fallar, lo importante es no olvidarlo para no caer en la misma experiencia. Es importante levantarnos lo más pronto posible y analizar dónde caímos para no seguir repitiéndolo una y otra vez. La humildad, en realidad, nos invita a reírnos de los golpes de la vida y a tomarlos con paciencia.

◆ Aceptémonos tal y como somos

No podemos pretender ser quienes no somos y lo que nuestro corazón no respalda, pues nos convertimos en actores. Debemos entender que fuimos merecedores de una vida para dar fruto, para surgir, para luchar. Comprender que las circunstancias que vivimos nos forman y enseñan, y es lo mejor que nos pudo pasar, por eso debemos esforzarnos por sacar el mejor provecho.

◆ Reconozcamos que no sabemos todo

Aunque leyéramos el 15% de los libros de una librería, que en promedio suelen tener unos 20.000 volúmenes, y el 3% de los artículos de un periódico local, lo que nos tomaría unos sesenta años en promedio, no podríamos saberlo todo. La meta es aprender cada día algo nuevo, pero la vida no solo está llena de lecciones escritas, es mucho más valioso cuando experimentamos con todos los sentidos lo que es vivir el día a día. Es válido no saberlo todo y esto no nos hace menos que otros, claro que es necesario conocer al menos lo básico. Igual debemos considerar que siempre encontraremos personas que saben mucho más de ciertos temas y nosotros tal vez más de otros, por lo que lo importante es el compartir y aceptar ese conocimiento.

♦ La actitud y el lenguaje no verbal

Cuando hablamos de humildad no hay mayor lenguaje que nuestra actitud y nuestro lenguaje corporal. ¿Qué dicen nuestros ojos cuando alguien nos habla? ¿Nuestros brazos o nuestros labios? ¿O quizás nuestra posición erguida o nuestros hombros caídos? Todo lo que somos habla por sí mismo y no se necesitan palabras para ver el brillo de unos ojos que reciben un consejo o que aprendieron algo nuevo. No se experimenta más que felicidad al ver una sonrisa sana, transparente, donde más que una boca se ve el alma o el corazón de alguien.

♦ El placer de dar

Cuando nos alegra más dar que recibir y podemos compartir con otros, nos hacemos más humildes y sensibles a las necesidades de los demás. El experimentar este tipo de vivencias nos moldea y nos hace más humanos, debilita y acaba el orgullo, la altivez, la soberbia. Todas estas son actitudes destructoras del ser humano.

El dar es uno de los atributos de las personas humildes y no solo me refiero a dar las cosas materiales, sino el tiempo, el conocimiento, los alimentos, una sonrisa. Muchas veces, con este acto podemos estar cambiando vidas amargadas por vidas plenas. El ayudar al otro nos hace grandes porque damos del yo para disfrutar del nosotros.

◆ **Callar y esperar**
Es lo que menos hacemos cuando nos enfrentamos a situaciones adversas, pero es la mejor manera de no reaccionar inadecuadamente. La humildad debe ser un atributo visible, acompañado de la tolerancia y la paciencia. Por eso, cada vez que el orgullo quiera responder, respiremos profundo y esperemos.

La carreta

«—Un día —dice un autor—, caminaba con mi padre, cuando de repente él se detuvo en una curva y, después de un pequeño silencio, me preguntó:

—Además del cantar de los pájaros, ¿escuchas algo más?

—El ruido de una carreta.

—Sí, es una carreta vacía.

—¿Cómo sabes, papá, que es una carreta vacía, si no la vemos?

—Es muy fácil saber si una carreta está vacía por el ruido. Cuanto más vacía va, mayor es el ruido que hace.

A lo largo de mi vida, recordando esta historia, he comprendido que hay muchos hombres que van por la vida hablando demasiado, interrumpiendo la conversación de los otros, presumiendo de lo que tienen y menospreciando a la gente, entonces, pienso en la carreta. Hay demasiada gente que necesita hablar y estar en medio del ruido para acallar su conciencia porque está vacía, no tienen tiempo para pensar, ni para leer y no pueden soportar el silencio para reflexionar y hablar con Dios. Por eso, la humildad es la virtud que consiste en callar las propias virtudes y permitirles a los demás descubrirlas».

(Autor desconocido)

Pensamientos para reflexionar:

♦ *"La humildad de los hipócritas es el más grande y el más altanero de los orgullos".*
Martín Lutero

♦ *"Yo juro que vale más ser de baja condición y codearse alegremente con gente humilde, que no encontrarse muy encumbrado, con una resplandeciente pesadumbre y llevar una dorada tristeza".*
William Shakespeare

♦ - *"El temor del Señor es instrucción de sabiduría, y antes de la gloria está la humildad".* Nueva Biblia Latinoamericana de Hoy,
Proverbios 15:13

♦ - *"Antes de la destrucción, el corazón del hombre es altivo. Pero a la gloria precede la humildad".* Nueva Biblia Latinoamericana de Hoy,
Proverbios 18:12

♦ - *"La recompensa de la humildad y el temor del Señor son la riqueza, el honor y la vida".*
Nueva Biblia Latinoamericana de Hoy,
Proverbios 22:4

♦ - *"El secreto de la sabiduría, del poder y del conocimiento es la humildad".*
Ernest Hemingway

♦ - *"Nada es tan bajo y tan vil como ser altivo con el humilde".*
Lucio Anneo Séneca

HERRAMIENTA # 3

SÉ HONESTO

La honestidad es uno de los valores más valiosos en un ser humano y consiste en comportarse y expresarse con coherencia y sinceridad. Ser transparente, auténtico, sin engaños o manipulaciones de acuerdo con la verdad y la justicia.

Se trata de vivir de acuerdo a como se piensa y se siente. Tal como lo hemos visto anteriormente, va de la mano de la confiabilidad y le dedicamos especial atención porque es un valor tan profundo que no solo puede ser medido por cuán transparente se es, sino también por las intenciones que acompañan los actos. La verdad y la honestidad no pueden vivir una sin la otra.

La persona honesta elige siempre actuar en base a la verdad y a la auténtica justicia dando a cada quien lo que le corresponde, incluyéndose a sí misma. No es egoísta y debe ser la primera llave para abrir puertas hacia el desarrollo en común. Si todas las personas ponen en práctica este valor, los gobiernos, la sociedad y las instituciones lograrían llegar no solo más rápido al cumplimiento de sus objetivos, sino también llegarían más lejos.

¿Cuáles son las cualidades o atributos de la honestidad?

- ◆ Credibilidad
- ◆ Relaciones duraderas
- ◆ Confianza
- ◆ Respeto
- ◆ Admiración
- ◆ Integridad
- ◆ Conciencia
- ◆ Objetividad
- ◆ Ética
- ◆ Equidad
- ◆ Imparcialidad
- ◆ Honradez
- ◆ Justicia
- ◆ Verdad
- ◆ Consideración
- ◆ Prioridad del "nosotros"

Pensemos un poco en las consecuencias a nuestro alrededor de no aplicar la honestidad y veamos algunos casos concretos. Por ejemplo, no se necesitaría de algunas profesiones o quizá algunas de ellas se desempeñarían con mayor profundidad en ciertos asuntos para el bienestar de todos, como:

- ◆ Los jueces. Las personas dirían la verdad y actuarían con justicia sin tratar de enmendar situaciones sobre la base de mentiras y teniendo que recurrir a terceros que intervengan.

♦ La policía no tendría que utilizar la fuerza para lograr que la gente se comporte bajo los parámetros normales de ética y valores. No existirían las cárceles, penas de muerte o correccionales.

♦ No existirían áreas de control de fraude o protección. Tampoco los cargos de supervisor en las empresas, en la sociedad y en los gobiernos.

♦ No tendríamos que inventar normas sobre el derecho de autor, ni gastaríamos en tantos acondicionamientos de seguridad y lucha contra el crimen.

♦ Los estudiantes no requerirían de profesores o personas que los cuiden o vigilen durante los exámenes.

♦ No obligaríamos a nuestros hijos a mentir diciendo que no estamos cuando responden el teléfono y preguntan por nosotros.

♦ Las personas honestas viven tranquilas, pues no tienen un "yo" dentro de ellos diferente al que muestran, además, piensan más antes de actuar y comprometerse, porque el honesto debe tener coherencia y cumplir lo que promete.

Pasos para desarrollar la honestidad:

♦ Decir la verdad

Como lo hemos hablado antes, cueste lo que cueste, la verdad siempre será recompensada. Viviendo bajo esa premisa siempre tendremos la frente en alto y la conciencia tranquila.

♦ Reconocer la falta

Si no fuimos honestos en alguna circunstancia, busquemos el momento adecuado para aclararlo bajo los parámetros de la verdad y la humildad. Si debemos algo, paguemos; si tomamos algo, devolvámoslo; si pedimos prestado, retornémoslo. No hay mayor alegría que no deber nada a nadie y que nuestro buen nombre no sea cuestionado por faltas que podemos evitar o corregir.

♦ La confrontación como herramienta personal

Es importante que nos autoevaluemos constantemente para analizar nuestra actitud, nuestras reacciones, nuestra manera de pensar, y si en verdad estamos viviendo con sentido, con propósito y con rumbo. Desafortunadamente es muy fácil vivir en la inercia de la vida y caer en la rutina del "simple existir".

◆ Seamos delicados y cuidadosos

Para practicar la honestidad se requiere afianzar la sutileza. El ser honestos no nos da la autoridad para herir o lastimar, sino al contrario, la honestidad debe ir acompañada de amor, de buen trato y de responsabilidad.

◆ Seamos inteligentes

El ser honestos no significa que tengamos que decir todo y llevar una vida pública al servicio y comentarios de los demás; significa ser inteligentes al punto de identificar qué es lo que podemos compartir y con quiénes. No se puede ser "un libro abierto" para todo el mundo, hay algunas verdades que podemos guardar porque son únicamente nuestras y no necesitan ser divulgadas. Por muy honestos que queramos ser, tenemos una vida que cuidar.

La honestidad como valor

«Hubo una vez un emperador que convocó a todos los solteros del reino para buscarle pareja a su hija. Todos los jóvenes asistieron y el rey les dijo: "Le voy a dar una semilla diferente a cada uno de ustedes. Al cabo de seis meses deberán traerme en una maceta la planta que haya crecido, y la planta más bella ganará la mano de mi hija, y por ende el reino".

Así se hizo. Pero había un joven que plantó su semilla y esta no germinaba. Mientras tanto, todos los demás jóvenes del reino no paraban de hablar y mostrar las hermosas plantas y flores que habían sembrado en sus macetas. Llegaron los seis meses y todos ellos desfilaban hacia el castillo con hermosísimas y exóticas plantas.

El joven estaba muy triste, pues su semilla nunca germinó y ni siquiera quería ir al palacio. Pero su madre insistía en que debía ir pues era un participante y debía estar allí.

Con la cabeza baja y muy avergonzado, fue el último en desfilar hacia el palacio con su maceta vacía. Todos los demás hablaban de sus plantas, y al ver a nuestro amigo soltaron la risa y la burla. En ese momento, el alboroto fue interrumpido por el ingreso del rey y todos hicieron su respectiva reverencia mientras se paseaba entre todas las macetas admirando las plantas.

Finalizada la inspección llamó a su hija y, entre todos, llamó también al joven que llevó su maceta vacía. Impactados, todos esperaban la explicación de aquella acción. El rey dijo entonces: "He hallado al nuevo heredero al trono y se casará con mi hija. Pues a todos ustedes se les dio una semilla infértil, y todos trataron de engañarme plantando otras. Pero este joven tuvo el valor de presentarse y mostrar su maceta vacía, siendo honesto, sincero, valiente y diciendo siempre la verdad, cualidades que un futuro rey debe tener y que mi hija merece"».

(Autor desconocido)

Pensamientos para reflexionar:

♦ *"Ningún legado es tan rico como la honestidad".* William Shakespeare

♦ *"Lo que las leyes no prohíben, puede prohibirlo la honestidad".* Lucio Anneo Séneca

♦ *"El hombre honesto no teme la luz ni la oscuridad".* Thomas Fuller

♦ *"La honestidad es incompatible con amasar una fortuna".* Mahatma Gandhi

♦ *"Vivamos con honestidad, como a la luz del día y no andemos en glotonerías ni en borracheras, ni en lujurias y lascivias, ni en contiendas y envidias".* Biblia Reina Valera Contemporánea, Romanos 13:13

♦ *"Esto lo digo para el provecho de ustedes; no para ponerles trabas sino para que vivan en honestidad y decencia, y para que se acerquen al Señor sin ningún impedimento".* Biblia Reina Valera Contemporánea, 1 Corintios 7:35

♦ *"Que gobierne bien su casa, que tenga a sus hijos en sujeción y con toda honestidad".* Biblia Reina Valera Contemporánea,
1 Timoteo 3:4

♦ *"La honestidad es la mejor política".*
Benjamín Franklin

HERRAMIENTA # 4

ESFUÉRZATE

El esfuerzo es la manifestación del ser humano poniendo todo su potencial en cuanto a concentración, dedicación, tiempo, energía y pensamiento en la creación, desarrollo y cumplimiento de objetivos. En el desarrollo de nuestras vidas vamos construyendo sueños, proyectos y nos planteamos objetivos, puesto que fuimos hechos para esforzarnos y concluir cualquier meta que nos propongamos. Siempre escuchamos que quienes tienen éxito en el trabajo y en la vida son aquellos que trabajan duro y al final lo terminan consiguiendo. Pues bien, hay muchos beneficios en esto. Desafortunadamente, no todas las personas lo consideran como una fortaleza o virtud para poner en práctica y esto podemos observarlo a nuestro alrededor, quizá conocemos a alguien que simplemente se limitó a hacer el trabajo y aunque nunca le faltó nada para suplir sus necesidades, no llegó tan lejos como si hubiese aprovechado todo su potencial.

Es como tomar a dos participantes de las últimas olimpiadas, de la misma edad, contextura física similar, ambos muy bien entrenados y ponerlos a competir en una carrera que se supone tiene 25 minutos de duración con un recorrido total de veinte vueltas. El participante número uno logra el objetivo en 23,2 minutos, pero el número dos las termina en 40 minutos debido a que en la vuelta número diez y en la número diecisiete estuvo mirando si el estadio estaba lleno, recordó que le dolía una pierna la noche anterior y pensó que ya había obtenido algunos premios y este, según él, no era tan importante. ¿Qué quiero mostrar con este ejemplo? Que la motivación, el enfoque, el esfuerzo y el resultado de estas personas fueron diferentes, a pesar de tener ambos las mismas posibilidades.

Pero, ¿cuáles son todas esas variables que hacen que el éxito se consiga como resultado del trabajo duro? Son nuestra coherencia, consistencia, persistencia y lo que alimentamos en nuestra mente y corazón para lograrlo.

En el trabajo duro debemos ser capaces de crear, de adelantarnos a las situaciones, de hacernos responsables de lo que suceda, esto nos llevará no solo a ser cada día mejores administradores de nuestra vida, de nuestro tiempo y de nuestra tarea, sino a conseguir todos los objetivos que nos planteamos.

Ahora, no nos confundamos, el esfuerzo no siempre significa trabajar muchas horas sin parar. Trabajo duro es dar más del 100% en cada actividad que hacemos. Cada esfuerzo adicional, por pequeño que parezca siempre dará fruto.

Siempre que nos esforcemos y logremos con éxito lo propuesto podemos esperar los siguientes beneficios:

♦ **Felicidad**

Nos llenamos de gozo y alegría cuando logramos nuestros objetivos y sentimos una satisfacción personal que nos impulsa a avanzar.

♦ **Seguridad**

Al probarnos a nosotros mismos que podemos lograr los objetivos, nos podemos proponer cualquier meta, retarnos, y en muchas ocasiones hasta sentimos que podemos dar más cada vez. Esto nos permite alcanzar mejores posiciones y mejores relaciones con personas que practican esta misma virtud.

♦ **Riquezas o recompensas financieras**
En la medida que vamos avanzando, alcanzamos mejores niveles, reconocimiento y la confianza de las personas que nos rodean y vamos siendo cada vez más cotizados, lo que nos permite obtener mayores ingresos.

ATENTANDO CONTRA EL ESFUERZO

Muchas veces tenemos actitudes que van en contra del esfuerzo, pero dos de las que más atentan son la pereza y el anhelo de enriquecimiento.

La pereza es repugnancia al trabajo, a cumplir las obligaciones del cargo de cada uno. Nos conduce hacia la negligencia, al tedio o descuido en las cosas, la falta de ánimo para iniciar y más aún, para culminar una tarea o un objetivo. Es evidente que muchas personas se cubren bajo esta actitud, sumergiéndose en la miseria y viviendo a la defensiva, haciendo referencia a que no pueden por causas externas, que la situación económica no es buena, que no pudieron estudiar, que no tuvieron oportunidades, que ya no están en edad, que ya les pasó el tiempo... ¡Mil razones! Pero en definitiva son excusas y justificaciones para continuar fortaleciendo la pereza.

Es por esta razón que tenemos que contrarrestar estas actitudes y, en ocasiones, costumbres que nos han transferido y que nos han perseguido, siendo conscientes todo el tiempo de lo que decimos y hacemos. Recordemos siempre que debemos ser un reflejo coherente de lo que queremos alcanzar.

El anhelo de enriquecimiento es el deseo que tenemos de lograr algo con prontitud y poco esfuerzo. Pero implica alcanzar no solo fortuna, sino también logros, reconocimientos, cargos, bienes y en muchas ocasiones se convierte en obsesión. Es por eso que vemos en los diarios, en las noticias y a nuestro alrededor tanto soborno, fraude, trampas, engaños y estafas, entre otros. Este deseo ciega a las personas y por eso pasan por encima de los demás, siendo capaces de cualquier maldad, violando todo valor o principio con tal de alcanzarlo.

Por eso, mantengamos muy arraigado en nosotros que la aplicación honesta y consciente de los principios y valores los convierte en hábitos y a su vez los hábitos saludables refuerzan nuestro carácter.

Pasos para desarrollar el esfuerzo:

♦ **Fijarnos un objetivo claro**
Es la primera tarea. Normalmente tenemos objetivos, pero tenemos que clasificarlos en orden de prioridad, importancia y tiempo.

◆ Centrar todos nuestros esfuerzos en conseguirlo

Cada actividad que hagamos debe contribuir de alguna forma a la consecución del objetivo. Como imagen mental, pensemos en que tenemos que arrastrar algo pesado del punto A al B… si cada día empujamos en una dirección diferente, lo más probable es que nunca lo consigamos. Si creemos que podemos, nos esforzamos y luchamos, lo vamos a conseguir.

◆ Trabajar duro y alcanzar la recompensa

Hay variables en la vida que podemos controlar y otras que no. El éxito en la vida depende del esfuerzo, entonces, enfoquémonos en lo que tenemos en nuestras manos. Aspectos como el clima, el tráfico, los fallos de energía e incluso otras personas están fuera de nuestro control, así es que solo nos queda trabajar duro, ser previsivos y atentos para conseguir nuestros objetivos.

◆ Hacer todo de la mejor manera posible

El objetivo debe cumplirse con la mejor calidad que podamos. Trabajemos con excelencia, mirando más allá y cuidando detalles que pueden ser cruciales para lograr lo que nos proponemos.

◆ Adueñarnos del objetivo

Aunque el objetivo que tengamos a cargo no sea completamente nuestro o se limite a nuestro beneficio, hagámoslo como si lo fuera. No se puede dar solamente un poco de uno mismo para pretender asegurar que salga al cien por ciento de lo que esperamos. Seamos generosos, todo en la vida tiene recompensa.

◆ ¡Retar a la vida!

Miremos firme hacia el frente y veamos más allá. No seamos escasos en dar y hacer. El mayor esfuerzo siempre tendrá mejor recompensa, aunque no sea reconocido de inmediato. El ir más allá de la tarea o de lo encomendado es una cualidad que requiere práctica y nos servirá para todos los campos de nuestra vida. Superemos el límite de cumplir por obligación pues nunca sabremos de lo que somos capaces hasta que lo intentemos.

◆ Ser más creativos

Pensemos más y busquemos muchas rutas para llegar a la meta. Utilicemos herramientas como las preguntas para indagar más: ¿A dónde vamos? ¿Qué necesitamos? ¿En cuánto tiempo? Siempre podremos encontrar la mejor vía y la más inteligente para lograr nuestra meta.

♦ Afianzar lo aprendido

Cada proceso en la vida nos da una recompensa, ya sea una enseñanza, ganancias financieras, reconocimiento, en fin, en muchas áreas que alimentan nuestra autoestima y nos hacen crecer, así que aprovechemos cada oportunidad para esforzarnos un poco más. El trabajo en una herramienta en la escuela de la vida que nos permite desarrollarnos, alcanzando escalones adicionales, exploremos cada día y hagamos nuestro trabajo con alegría y dedicación.

El acueducto

"Había una vez una pequeña y pintoresca aldea llamada Lejanía que estaba rodeada por algunas majestuosas montañas. Era un gran lugar para vivir, excepto por un problema que no habían podido resolver: la aldea no disponía de agua a menos que lloviera. Para resolverlo de una vez por todas, los ancianos de la aldea decidieron someter a licitación el contrato para suministrar agua a la aldea de manera diaria. Dos personas se ofrecieron para llevar a cabo la tarea y los ancianos otorgaron el contrato a ambos. Consideraron que un poco de competencia mantendría los precios bajos y aseguraría un respaldo al suministro de agua.

El primero de los dos contratistas, Richard, salió inmediatamente, regresó con dos cubetas de acero galvanizado y comenzó a correr de ida y de regreso a lo largo del camino hacia el lago que se encontraba a un kilómetro y medio de distancia. Richard comenzó a ganar dinero inmediatamente al trabajar desde la mañana hasta la noche acarreando agua del lago en sus dos cubetas. Las vaciaba en un gran tanque de concreto que la aldea había construido para contener las aguas llovidas.

Cada mañana tenía que levantarse antes que los demás habitantes para asegurarse que habría suficiente agua cuando ellos la desearan. Era un trabajo duro, pero él estaba muy contento porque estaba ganando dinero y porque tenía uno de los dos contratos exclusivos para este negocio. Poco a poco, el cansancio no lo dejaba avanzar y decidió recluir a dos personas para compartir un poco de sus utilidades, mismos que renunciaron a los pocos días.

Richard sentía que tenía que hacerlo por obligación y se levantaba obligado, de mal humor, deseando no tener que cumplir esa tarea. El trabajo duro se había convertido en una tortura, pagaba mal y el dinero a veces no le alcanzaba ni siquiera para el combustible de la personas que le ayudaban o cualquier persona que encontrara para que lo hiciera por él cuando quería quedarse dormido o trasnochaba por ir a ferias cercanas. Renegaba constantemente y hablaba a sus vecinos del mal pago y de la gran carga que tenía sobre sus hombros.

El segundo ganador del contrato, Paul, desapareció durante algún tiempo. No se le vio durante varios meses, tal vez dos o tres, lo que hizo muy feliz a Richard dado que no tenía competencia y se estaba ganando todo el dinero. En vez de comprar dos cubetas para competir con Richard, Paul tenía un plan de negocios claro. Creó una corporación, encontró cuatro inversionistas y empleó a dos personas que eran conocidas por su excelente desempeño y conocimiento en obras civiles, que años atrás habían dejado el pueblo para educarse y aprender en ciudades cercanas. Personas diligentes, hábiles, honestas y sobre todo, con un enfoque en el trabajo constante y duro, como el que caracterizaba a Paul. Todos ellos, con un grupo de trabajadores de la construcción, al cabo de seis meses habían construido una tubería de acero inoxidable de gran volumen que conectaba a la aldea con el lago, solucionando de una vez por todas el *gran dilema que había existido toda la vida. Al cabo de un año el pueblo estaba abasteciendo dos pequeños condados cercanos y generando trabajo y desarrollo para la ciudad.*

Los ancianos, al conocer el proyecto y diligencia de Paul, determinaron su apoyo incondicional y demostraron su agradecimiento al traer la solución definitiva. Agradecieron a Richard su esfuerzo y dieron por terminada su participación en tal tarea".

(Autor desconocido)

Pensamientos para reflexionar:

♦ "Yo creo bastante en la suerte. Y he constatado que, cuanto más duro trabajo, más suerte tengo".   Thomas Jefferson

♦ "El mejor remedio contra todos los males es el trabajo".   Charles Baudelaire

♦ "Sin trabajo nada prospera".
      Sófocles

♦ "El genio comienza las grandes obras, pero solo el trabajo las acaba".
      Petrus Jacobus Joubert

♦ "Venid a mí todos los que estáis trabajados y cargados, que yo os haré descansar". Biblia Reina Valera,   Mateo 11:28

♦ "Lo que con mucho trabajo se adquiere, más se ama".   Aristóteles

HERRAMIENTA # 5

SÉ GENEROSO

La generosidad es una virtud que nace en el darse por completo, mucho más allá de lo que nos corresponde por justicia u obligación. Es un concepto que procede del latín *generositas* y que se refiere a la inclinación a dar y compartir por sobre el propio interés o utilidad. Se trata de un valor positivo que puede asociarse al altruismo, la caridad y la filantropía.

Desafortunadamente, encontramos gran cantidad de personas que no la practican, por lo general porque en el día a día muchas situaciones y golpes que da la vida hacen que los corazones de las personas se endurezcan. Tal vez en algún momento fueron heridos, o simplemente nunca han reflexionado y pensado en el otro, pero el egocentrismo los lleva a la infelicidad, a la soledad y muchas veces al fracaso. Seguramente has visto personas tan egoístas que se encierran e irradian antipatía, sentimiento que también otros sienten hacia ellas. Cuando la atención se vuelca hacia el "yo" se hace un doble daño: primero a los demás, pues el egocéntrico siempre quiere pasar por encima; y a uno mismo, porque finalmente terminamos solos.

Hoy en día, a pesar de la gran desvalorización de la sociedad, hay que mencionar que afortunadamente encontramos muchos casos de hombres y mujeres que son modelos silenciosos de generosidad. Por ejemplo la madre que cocina, limpia la casa y además trabaja fuera del hogar; el padre que duerme solo cinco o seis horas diarias para dar el sustento a sus hijos; los jóvenes, niños, o familias completas que practican valores en su casa, que brindan generosa ayuda a sus amigos o conocidos cuando tienen problemas, y así muchos más ejemplos que sin duda debemos seguir.

Siempre es más fácil hacer un acto grandioso por el cual nos admiren que "simplemente" darnos a los demás sin obtener ningún crédito. Y es que casi todos tendemos a buscar el brillo propio, la satisfacción, el prevalecer sobre los demás y solemos evitar el dar nuestra luz a otros. Queremos que nos pongan atención, que miren nuestros avances, que nos escuchen, que pongan en primer lugar lo que decimos y pensamos, que vean nuestras casas, automóviles, carreras... en fin, la lista sería innumerable.

Definitivamente es mejor dar que recibir. El que da siempre tendrá el gozo de haber sembrado una semilla, porque si te das cuenta, cuando lo haces siempre recibes el doble y nunca quedas sin recompensa. Dar sin esperar nada a cambio, entregar parte de tu vida, volcarse a los demás, ayudar a los que lo necesitan, dar consuelo a los que sufren, eso es generosidad. ¡Y no es un valor pasado de moda! La generosidad es el motor que da vida a nuestro corazón, nos hacemos más sensibles, más humanos, es la llave que abre la puerta de la amistad. Es una semilla que siembra el amor y puede ser la luz que nos saque del materialismo dentro del cual muchos de nosotros estamos viviendo.

Al reflexionar sobre esta virtud, encontramos que la vida del ser humano está llena de oportunidades para dar, servir y hacer el bien a los demás. Una persona generosa se caracteriza por las siguientes cualidades:

♦ Es humilde, porque aunque tenga muchos bienes materiales y otros no tangibles como el tiempo, no los regala porque le sobren o por lucirse, sino lo hace de corazón, sin alardes.

♦ La disposición natural e incondicional que tiene para ayudar a los demás sin hacer distinciones.

♦ La alegría y la bondad se ven a simple vista,

105

no es necesario reconocerlos, ni aplaudir, ni un título. No existe interés alguno.

♦ Resuelve las situaciones que afectan a las personas en la medida de sus posibilidades o bien busca los medios para lograrlo.

♦ La discreción y sencillez con la que actúa, apareciendo y desapareciendo en el momento oportuno.

Ser generoso es algo que muchas veces requiere un esfuerzo extraordinario. Poner en práctica día a día esta virtud, en lo pequeño y cotidiano, es de gran utilidad para vivir mejor.

Pasos para trabajar la generosidad:

♦ Usa tus habilidades y conocimientos para ayudar a los demás.

♦ Atiende a toda persona que busca tu consejo o apoyo, por más antipática o insignificante que te parezca, debido a que considera en ti a la persona adecuada para resolver o al menos escuchar su situación.

♦ Cuando te hayas comprometido en alguna actividad o en atender a una persona, no demuestres prisa, cansancio, fastidio o impaciencia. Si es necesario discúlpate y ofrece otro momento para continuar.

♦ Procura sonreír siempre, a pesar de tu estado de

ánimo y aun en las situaciones poco favorables para ti o para los demás.

♦ Sé accesible en tus gustos personales, permite a los demás que elijan la película, lugar de diversión, pasatiempos, la hora y punto de reunión.

♦ Aprende a ceder la palabra, el paso, el lugar. Además de ser un acto de generosidad, denota educación y cortesía.

♦ Cumple con tus obligaciones a pesar del cansancio y siempre con optimismo, buscando el beneficio ajeno.

♦ No olvides ser discreto, actúa sin anunciarlo o esperando felicitaciones.

El rico y el pobre

"En algún lugar del norte de Europa vivía el conde Walsegg, dueño de una enorme fortuna. Entre sus bienes se contaban casas, tierras y animales. Sus negocios lo obligaban a viajar con frecuencia y solía llevar consigo una bolsita con una importante cantidad de monedas de oro. Una vez, esta se le perdió en el camino, pero como llevaba mucha prisa no se detuvo a buscarla.

A la orilla de ese camino vivía Roderick, un hombre muy pobre, en una modesta choza que apenas tenía lo necesario. Una mañana en que salió a buscar algunas hierbas para comer se encontró la bolsita llena de relucientes monedas. En el pueblo cercano preguntó si sabían quién era su dueño, pues quería devolvérsela, pero nunca logró saberlo. Sin embargo, esperó varios meses a que apareciera el propietario y como nadie llegó a pedírsela, al cabo de un año pensó que podía usar las monedas sin sentirse culpable por hacerlo. Con ellas compró una granja y le regaló su choza a un pobre hombre que no tenía dónde dormir. Mediante su esfuerzo la finca fue prosperando poco a poco y llegó a ser una de las más hermosas y productivas de la región: contaba con lechones, pollos y vacas que producían abundante leche.

Pasaron muchos años y una tarde el conde Walsegg andaba por el mismo camino y como se hacía de noche se acercó a la finca y preguntó si podía quedarse allí. Roderick lo invitó a pasar, le asignó una habitación y le propuso que cenaran juntos. Animados por el calor de la fogata y una jarrita de vino, comenzaron a charlar. El visitante, admirado por el orden y riqueza de la finca, le preguntó cuándo y cómo la había comprado.

—La adquirí hace varios años, gracias a una pequeña bolsa de monedas de oro que

encontré en el camino. Nunca pude hallar a su dueño —explicó Roderick.

—¿Cómo era esa bolsa? —preguntó el visitante.

—Pequeña, de piel marrón, con un lazo... ¡Espere! ¡Voy a buscarla para mostrársela!

Al verla, el conde reconoció que era la bolsa perdida años atrás y se lo informó a su anfitrión.

—Entonces toda esta finca le pertenece a usted. Con gusto se la puedo entregar —dijo Roderick.

—No querido amigo. Eres un hombre trabajador y honrado que supo aprovechar bien ese hallazgo y se merece lo que tiene. Disfrútalo —asentó Walsseg antes de despedirse".

(Cuento tradicional nórdico)

Conviene, por una parte, ser generoso cuando se da, y por otra, no mostrar dureza en reclamar lo que nos deben. Esto en toda suerte de transacciones: cuando vendemos, cuando compramos, cuando damos o recibimos un alquiler, en las relaciones de la vida. Manifestarse ecuánime, afable, dispuesto a ceder en muchos casos de su propio derecho, manteniéndose siempre, en lo posible y aún más allá, alejados de las controversias.

Pensamientos para reflexionar:

◆ *"El hombre es a veces más generoso cuando tiene poco dinero que cuando tiene mucho, quizá por temor a descubrir su escasa fortuna".*   Benjamín Franklin

◆ *"De todas las variedades de virtud, la generosidad es la más estimada".*
Aristóteles

◆ -*"La generosidad consiste menos en dar mucho que en dar a tiempo".*
La Bruyere

◆ *"El hombre bueno es compasivo y generoso; todos sus negocios los maneja con justicia".*
Biblia Reina Valera Contemporánea,
Salmo 112:5

◆ *"Muchos buscan el favor del que es generoso; al que es desprendido no le faltan amigos".*
Biblia Reina Valera Contemporánea,
Proverbios 19:6

♦ *"Pero el generoso piensa en ser generoso, y por su generosidad será exaltado". Biblia Reina Valera Contemporánea,*
Isaías 32:8

♦ *"La venganza es un placer que dura solo un día; la generosidad es un sentimiento que te puede hacer feliz eternamente".*
Rosa Luxemburg.

HERRAMIENTA # 6

TEN DOMINIO PROPIO Y MODERACIÓN

Dominio propio

Es la capacidad de administrar, controlar y dominarnos a nosotros mismos, esto en cuanto a pensamientos, acciones, sentimientos, emociones, comportamientos, deseos y actitudes, e incluso lo físico.

El dominio propio nos permite controlar nuestras emociones y no que estas nos controlen a nosotros, sacándonos la posibilidad de elegir lo que queremos sentir en cada momento de nuestra vida.

Nosotros somos los actores o hacedores de nuestra vida. De las pequeñas y grandes elecciones depende nuestra existencia y tenemos la importante posibilidad de ser felices, a pesar de los acontecimientos externos. Estos no nos determinan, sino nosotros mismos como sujetos activos manejamos nuestra felicidad dependiendo de la interpretación que hacemos de cada situación.

Somos lo que pensamos y tendremos dominio propio si aprendemos a controlar nuestros pensamientos, así también como controlamos nuestras emociones.

Un sentimiento lo podemos definir como una reacción física a un pensamiento. Si no tuviéramos cerebro simplemente no sentiríamos, de hecho, con algunas lesiones en el cerebro no se siente ni siquiera el dolor físico. Todas las sensaciones llegan precedidas por un pensamiento y sin la función del cerebro no se pueden experimentar. Si se controlan los pensamientos, y a su vez las sensaciones y sentimientos que derivan de estos, entonces ya se es capaz de tener un dominio propio.

Todos tenemos derecho a hacer, pensar y sentir lo que queremos, siempre y cuando no perjudiquemos a nadie.

Hay muchas ideas irracionales o pensamientos distorsionados en nuestra sociedad que impiden el dominio propio e influyen para que nuestra vida no sea plena, evitando que la disfrutemos con alegría. Los sentimientos no son simples emociones que nos suceden, sino que son reacciones que elegimos tener. Si somos dueños de nuestras emociones, si las controlamos, no tendremos que escoger aquellas de autoderrota.

Eso no significa negar o reprimir los sentimientos o emociones. Controlarlos no quiere decir suprimirlos. Estos nos dan muchas pistas acerca del porqué actuamos de determinada manera, por lo tanto, su supresión nos priva de esa información. Por otra parte, tratar de eliminarlos no hace que desaparezcan; por el contrario, los deja libres para que exploten en cualquier momento.

El control de las emociones significa comprenderlas y luego utilizar esta comprensión para transformar las situaciones en nuestro beneficio. Para muchos autores de este tema, la clave de la autorregulación está en cinco aptitudes emocionales que son:

♦ Autodominio. Manejar efectivamente las emociones y los impulsos perjudiciales.

♦ Confiabilidad. Exhibir honradez e integridad.

♦ Escrupulosidad. Responsabilidad en el cumplimiento de las obligaciones.

♦ Adaptabilidad. Flexibilidad para manejar cambios y desafíos.

♦ Innovación. Estar abierto a ideas, enfoques novedosos y a nueva información.

Moderación

Ahora nos enfocaremos en la moderación, una virtud que está precisamente en el medio, pues es el equilibrio entre dos extremos. Es una herramienta que nos permite, a los seres humanos, ser justos y cuidadosos de cada cosa que pensamos, hacemos y nos muestra hasta dónde podemos satisfacer nuestras necesidades sin causar daño. En otras palabras, la moderación nos permite no excedernos, es equivalente a la prudencia y la mesura.

Una persona de carácter moderado es la que no se desborda, que piensa antes de actuar, que es paciente y serena sin llegar al extremo del desinterés, la insensibilidad y la apatía. Si pensamos en casos de falta de moderación, los ejemplos más claros son las adicciones, como el alcoholismo, la drogadicción, la adicción al sexo, al trabajo, a la comida, entre otras. En ellas, las personas no saben cuál es el límite para satisfacer las necesidades, pero también podemos encontrar a quienes no miden sus actitudes, su lenguaje no verbal y sobre todo sus palabras, siendo esto último uno de los mayores destructores de vidas y asesino de sueños.

Muchas de las terapias a las que están enfrentados los adictos llevan un gran contenido de concientización y aceptación del individuo por sí mismo. En muchas ocasiones tienen que ser aislados y hasta medicados para lograr un resultado positivo. Un caso diferente es cuando hablamos de las actitudes y de las palabras, pues no existe un tratamiento directo para contrarrestarlas porque la cura habita directamente en nuestro carácter. Tenemos que ser conscientes que todo lo que decimos dará vida o por el contrario muerte para poder controlarlo.

Día a día nos enfrentamos a diferentes circunstancias que hacen que las palabras broten de manera natural, algunas veces son impulsivas y siempre traen de vuelta una consecuencia. Hay palabras que son lanzadas y quienes las reciben nunca logran sanar, otras en cambio, hacen que las personas conquisten el mundo a través de sus logros. La moderación consiste en poder frenar las palabras que no llevan fruto y que son destructivas, y por el contrario, expresar en el momento adecuado aquellas que poseen sabiduría. Cuando empezamos a controlar a través de la moderación lo que llega a nuestras mentes y que quiere salir desbocadamente, evitamos causar daño, romper relaciones y crear discordia.

La moderación es una virtud que encierra otras como: confiabilidad, humildad, honestidad e incluso la generosidad, porque nos permite ser integrales e íntegros, revisando desde cada perspectiva el bien colectivo, el aceptar al otro y el aumentar el espíritu de colaboración. Ella es también el principal motor del dominio propio y es difícil que se dé una virtud sin la otra.

Pasos para trabajar el dominio propio y la moderación:

Para evitar los pensamientos distorsionados y trabajar en el dominio propio te comparto algunos principios para poner en práctica:

♦ **No generalicemos**
Afirmaciones como: "siempre me critica" o "nunca me escucha" se producen en situaciones específicas.
Al generalizar asumimos erróneamente que estas percepciones siempre son certeras. Es mejor decir "a veces", que "nunca" o "siempre".

♦ **Evitemos las calificaciones negativas**
Palabras o comentarios como "es tonto" o "es tan desconsiderado" se basan en situaciones específicas. Al encasillar a las personas de este modo nos inducimos a creer que la situación no tiene remedio y que, por consiguiente, no hay nada que hacer al respecto.

♦ **Evitemos tratar de leer los pensamientos de los demás**
No siempre acertamos en la interpretación de los pensamientos o sentimientos de los demás.

Lo más conveniente antes de expresarnos es preguntar: "Parece que no estás complacido con mi trabajo ¿en qué crees que debería mejorarse?

♦ **No pretendamos calificar cómo deben actuar los demás bajo nuestra óptica o nuestras reglas**

Si establecemos reglas sobre la forma en que debe actuar la gente, nos predisponemos a sufrir decepciones y frustraciones ya que, por lo general, las personas no se comportan como esperamos. Estos pensamientos distorsionados estorban nuestra capacidad para entender a los demás.

Si reconocemos que todas las personas son distintas, que cada cual tiene sus propias reglas y somos flexibles ante la manera de hacer las cosas de los demás, nos alejamos automáticamente de la palabra "debe".

♦ **Cerremos los ojos, busquemos la calma y respiremos profundamente**

Este acto cumple varias funciones. En primer lugar, nos mantiene alejados de otras actividades, pues si estamos concentrados en respirar profundamente no podemos gritar o fanfarronear. En segundo lugar, es una señal que nos enviamos a nosotros mismos diciendo: presta atención, contrólate y deja de hacer lo que estás haciendo. Por último, nos desacelera.

♦ Iniciemos un diálogo interior constructivo
Cuando logramos el control de nuestros pensamientos vemos cuán útiles pueden ser para ayudarnos a aclarar, enfocar y modificar nuestro curso de acción y así evitar consecuencias no esperadas para nuestras vidas. Por eso, analiza tus pensamientos antes de que se vuelvan una reacción verbal o un acto.

♦ No exageremos el significado de los acontecimientos
Transformar las consecuencias de un hecho en una catástrofe multiplica su intensidad. En lugar de sentirnos solo un poco preocupados, lo agravamos poniéndonos además muy ansiosos. Evitemos usar términos como "problemas", "catástrofe" o "desastre".

♦ Tomemos control de las pautas de nuestro comportamiento
Las pautas de comportamiento son acciones que solemos repetir una y otra vez en respuesta

119

a una situación concreta, por ejemplo, tal vez gritamos cuando nos enojamos, movemos nuestros pies bajo la mesa cuando estamos ansiosos y sonreímos cuando estamos satisfechos. El comportamiento está tan ligado a las emociones como los cambios fisiológicos, de modo que, para manejar nuestras emociones, es preciso tomar el control de nuestros comportamientos, para hacerlo, primero tenemos que ser capaces de reconocerlos.

Algunos comportamientos están asociados a emociones específicas, por ejemplo, nos pasamos horas sin hacer nada cuando estamos deprimidos, nos acercamos a la gente cuando estamos entusiasmados y nos agitamos cuando estamos nerviosos. Tal como sucede con los cambios fisiológicos, si no les ponemos freno acentúan las emociones. Por ejemplo, en una discusión, si no somos conscientes y utilizamos las alternativas que nos permiten controlarlas (para unos puede ser la relajación para moderar el ritmo cardíaco o respiratorio, para otros tal vez el salir a caminar y respirar aire fresco, o en algunos casos, el hablar con alguien de confianza) no solo hará que prolonguemos nuestra ira, sino que nos hagamos daño. Por lo tanto, si no ponemos freno a la agitación no podemos reducir la ansiedad.

Historia sobre la moderación

"Una y otra vez trataba el Maestro de disuadir a sus discípulos de que dependieran tanto de él, porque esto les estorbaba para entrar en contacto directo con la fuente interior. A menudo decía:

—Hay tres cosas que son nocivas cuando están demasiado cerca, inútiles cuando están demasiado lejos, y mejores estando a una distancia media: el fuego, el gobierno y el gurú".

(Anthony de Mello).

Pensamientos para reflexionar:

♦ "Sabio es quien sabe controlarse. Conoce tus debilidades para aprender a dominarlas".
Sócrates.

♦ "Quien se controla a sí mismo, no tendrá dificultad alguna para gobernar con eficacia. Al que no sabe gobernarse a sí mismo, le resultará imposible ordenar la conducta de los demás".   Confucio.

♦ "Se necesita de gran disciplina para controlar la influencia y el poder que usted tiene sobre la vida de las otras personas".
Clint Eastwood

♦ "Pues Dios no nos ha dado un espíritu de temor, sino de poder, de amor y de dominio propio".
Biblia Reina Valera Contemporánea,
2 Timoteo 1:7

♦ "Ser paciente es mejor que ser valiente; es mejor dominarse uno mismo que tomar una ciudad". Biblia Reina Valera Contemporánea,
Proverbios 16:31

♦ "Como ciudad sin defensa y sin murallas es quien no sabe dominarse". Biblia Nueva Versión Internacional,

Proverbios 25:28

♦ "La única disciplina que dura es la autodisciplina".

Bum Phillips

HERRAMIENTA # 7

TEN MOTIVACIONES CORRECTAS

La motivación puede definirse como una fuerza interna impulsora que activa a alguien y dirige sus acciones hacia una meta, por lo tanto, todos los motivos son siempre desencadenados por algún tipo de estímulo.

La palabra motivación se deriva del latín *motivus*, que significa "causa del movimiento". Es el señalamiento o énfasis que se descubre en una persona hacia un determinado medio de satisfacer una necesidad, creando o aumentando con esto el impulso para que ponga en obra ese medio o esa acción, o bien para que deje de hacerlo. La motivación es un estado interno que activa, dirige y mantiene la conducta.

Todos los días tenemos que tomar decisiones, desde que despertamos hasta que cerramos nuevamente nuestros ojos para dormir, y siempre que vamos a realizar esa acción surgen diferentes vías e interrogantes y debemos elegir. Definitivamente, una de las herramientas más efectivas para tomar mejores decisiones es la motivación y si la tuviéramos en cuenta nos inspiraríamos siempre a hacer lo correcto, lo mejor y lo adecuado, sin hacer daño a los demás. En síntesis, la decisión que tomamos siempre dependerá del tipo de motivos que gobiernan en nuestra vida. Los seres humanos tenemos necesidades que se convierten en motivos, algunas son visibles y otras invisibles. Entre las visibles podemos encontrar la necesidad de desplazarnos, por esta razón tenemos un automóvil; necesitamos un techo, por esto tenemos una casa o apartamento; necesitamos capacitarnos, por esta razón logramos títulos universitarios o técnicos, y así muchas más. Entre las invisibles, por ejemplo, podemos encontrar la aceptación, el reconocimiento, el poder visto desde la necesidad de influenciar a otros, la tranquilidad y la independencia, entre otras. Sin embargo, cuando en algunos momentos de la vida escondemos el verdadero propósito que nos motiva a lograr un fin, hacemos que se torne engañoso, trayendo consigo la mentira y la manipulación, desviándonos del objetivo. Si todos actuáramos de la misma manera, nos llevaría a una crisis, a una decadencia moral y ética.

Por eso, cada pequeña parte de nuestras vidas, desde nuestro carácter, debe ser estructurado y evaluado permanentemente. Cuando nuestros principios dejan de lado el egoísmo, la avaricia y el engaño y se tornan en beneficio nuestro y de los demás, logramos impactar no solo nuestra vida y con seguridad tenemos la tranquilidad de sentirnos personas éticas que ponemos en práctica valores y principios.

Pasos para trabajar la motivación:

Las personas que practican los motivos correctos se caracterizan por:

◆ Transparencia

Una persona transparente es aquella que no guarda para sí o para su beneficio, sino que es abierta. Son aquellas que miran a los ojos porque son verdaderas, que hacen elogios, que agradecen y piden disculpas con la misma simplicidad de un niño. No necesitan hacer trampas para conseguir lo que buscan, porque sus deseos se muestran en sus acciones y reacciones, no en sus caprichos. Son personas que hacen el bien y protegen del mal con una sonrisa, una palabra, un beso, un abrazo, una oración. Aquellas que van por la vida sin miedo a la oscuridad, que caminan firmes y levantan la cabeza en momentos de completa desesperanza. Esas que se equivocan mayor cantidad de veces de las que aciertan, que aprenden más de lo que enseñan y viven más de lo que sueñan. Seres que no distinguen entre ricos o pobres, gordos o flacos, negros o blancos. Personas, simplemente personas, que no siempre están seguras de todo, pero cumplen, que no tienen malicia ni engaño en sus vidas y menos en sus corazones.

♦ **Ser moralmente correctos**
Esta debe ser la base de todo lo que creemos y hacemos, la primera motivación por la que nos movemos a ser quienes somos.

♦ **Crecer en el conocimiento de los principios y valores**
Se trata de ajustarnos a aquellas conductas, normas o cualidades de todos los seres humanos para acondicionar nuestras vidas y poder seguirlas en cualquier tiempo y lugar. Sobre esta base decidimos cómo actuar ante las diferentes situaciones que se nos plantean. Esto está relacionado principalmente con los efectos que tiene lo que hacemos a los demás. Tengamos por regla general no hacer al otro lo que no queremos que nos hagan.

◆ Ofrecer un "buen oído"

Significa escuchar con atención y concentración al interlocutor, lo cual nos capacita para entender lo que ha dicho y poder demostrárselo. La meta es que se sienta comprendido en sus verdaderas necesidades.

◆ No asumir ni dar por hecho

Si consideramos que no está claro el motivo por el cual hacemos las cosas o no nos conduce a algo correcto, detengámonos y evaluemos. Busquemos explicación adicional, cuestionemos y luego actuemos. Recordemos siempre tomar buenas decisiones.

Las decisiones en la vida son una constante que siempre trae consecuencias, por eso debemos utilizar los principios correctos y tener en cuenta lo siguiente:

◆ Asumir la consecuencia: Asegurémonos de que podemos asumir totalmente las consecuencias de nuestras decisiones y que nuestros motivos las sustenten.

◆ Que estén alineadas con lo correcto: Como ya lo hemos comentado anteriormente, la meta es que nuestras decisiones no estén en

contra de lo ético y del bienestar de todos.

♦ **Estar abiertos a aprender:** Siempre habrá expertos en algo, busquemos ayuda cuando se requiera.

♦ **Considerar a todos los actores:** En nuestras decisiones siempre habrá personas involucradas que se pueden afectar, seamos conscientes y hablemos con transparencia.

Pensamientos para reflexionar:

♦ *"Tenemos tantos errores, pero sobre todo tantos motivos".*
> *Anónimo*

♦ *"En todo matrimonio que ha durado más de una semana existen motivos para el divorcio. La clave consiste en encontrar siempre motivos para el matrimonio".*
> *Robert Anderson*

♦ *"Con frecuencia nos avergonzaríamos de nuestras más hermosas acciones, si el mundo supiera todos los motivos que las producen".*
> *François de la Rochefoucauld*

♦ *"A cada uno le parece correcto su proceder, pero el Señor juzga los motivos". Biblia Nueva Versión Internacional,*
> *Proverbios 16:2*

♦ *"Por lo tanto, es necesario que nos sujetemos a la autoridad, no solo por causa del castigo, sino también por motivos de conciencia". Biblia Reina Valera Contemporánea,*
> *Romanos 13:5*

♦ - *"El soportar sufrimientos injustos es digno de elogio, si quien los soporta lo hace por motivos de conciencia delante de Dios".*
Biblia Reina Valera Contemporánea,
1 *Pedro 2:19*

♦ - *"Admiramos las cosas por motivos, pero las amamos sin motivos".*

Gilbert Keith Chesterton

HERRAMIENTA # 8

SÉ PACIENTE

La palabra paciencia proviene del latín *patientia* y es la virtud que describe la capacidad que posee un sujeto para tolerar, atravesar o soportar las adversidades o una determinada situación sin experimentar nerviosismo ni perder la calma, manteniendo el valor y la esperanza de la situación anhelada. La paciencia también representa la facultad de aprender a aguardar por alguien o algo sin perturbarse durante la espera. Es la capacidad de llevar a cabo diferentes planes o tareas sin permitir que la ansiedad arruine el objetivo o la lentitud con la cual se desarrolla una actividad que exige precisión y minuciosidad.

El entender que todo tiene su hora y su tiempo no es fácil, más aún cuando vivimos en un mundo tan cambiante que exige rapidez en absolutamente todos los procesos. Hoy en día no es suficiente con hacer una actividad, sino que hay que hacer dos o tres actividades al mismo tiempo, comprometiendo incluso la calidad. A esto comúnmente se le llama "multitasking" o "multiprocesos", término que nació en la ingeniería de sistemas en 1965 a través de los ordenadores de los computadores y que hoy se usa para definir a las personas, pero en realidad el verdadero significado sería: "es la mejor actuación de un individuo de parecer que maneja más de una tarea al mismo tiempo".

Hoy las personas estamos acostumbradas a la inmediatez, al internet, las comidas ligeras, la tarjeta de crédito, el control remoto, entre otros adelantos tecnológicos que han contribuido a que perdamos la paciencia como una virtud. En esta generación, hemos aprendido a vivir aceleradamente y a un ritmo vertiginoso, a querer lograr nuestros objetivos con el menor esfuerzo posible; sin embargo, los éxitos que más se disfrutan son aquellos a los que le ponemos toda nuestra pasión, trabajo, entusiasmo y cuidado para lograrlos. El desarrollo de este proceso toma tiempo y amerita mucha, muchísima paciencia.

Las palabras del sabio Salomón son precisas cuando menciona:

Todo tiene su tiempo

"Hay un tiempo señalado para todo, y hay un tiempo para cada suceso bajo el cielo: tiempo

133

de nacer, y tiempo de morir, tiempo de plantar, y tiempo de arrancar lo plantado; tiempo de matar, y tiempo de curar, tiempo de derribar, y tiempo de edificar; tiempo de llorar, y tiempo de reír; tiempo de lamentarse, y tiempo de bailar; tiempo de lanzar piedras, y tiempo de recoger piedras; tiempo de abrazar, y tiempo de rechazar el abrazo; tiempo de buscar, y tiempo de dar por perdido; tiempo de guardar, y tiempo de desechar; tiempo de rasgar, y tiempo de coser; tiempo de callar, y tiempo de hablar; tiempo de amar, y tiempo de odiar; tiempo de guerra, y tiempo de paz".

Llegar al éxito y a la prosperidad no es algo que vamos a lograr de la noche a la mañana, necesitamos ejercer la paciencia para aprender a vivir un día a la vez. Las personas con un carácter adecuado entienden que cada situación requiere de tiempo, por ejemplo una madre en gestación, quien espera a su hijo con todo su amor, no puede pretender que este proceso sea diferente a los nueve meses naturales para que nazca un niño saludable, desarrollado y preparado para afrontar tantos cambios en un contexto extraño y desconocido.

La paciencia es un concepto que en algunas ocasiones se ha tergiversado, haciendo que las tareas, metas o los proyectos no se desarrollen y no avancen, sino que sean aplazados. La espera inadecuada nos puede volver perezosos o a veces conformistas en lo que estamos haciendo, es por esta razón que las personas con un carácter correcto utilizan el dominio propio, manteniendo la paz y siendo motores de cambio cuando existen temores en el entorno a través de la espera.

La paciencia es compañera de la fe, ya que esta nos mantiene despiertos a la esperanza que anhelamos. Es verdad que "el éxito es la realización progresiva de un ideal que vale la pena"; sin embargo, la paciencia es tener la capacidad de enfocarnos en hacer cada día lo que tenemos que hacer y mantenernos en esta tarea hasta que recibamos la cosecha. En otras palabras, es perseverar y esperar confiado sin perder la actitud correcta.

La perseverancia también se toma de la mano de la paciencia, ya que es otro valor que afirma nuestros actos y que implica constancia, firmeza y tesón en la consecución de algo. Esta debe ser otro valor fundamental para poner en práctica, porque de cuán perseverantes seamos dependerá no solamente el logro de nuestros objetivos en la vida, sino también el que seamos personas destinadas al éxito o por el contrario al fracaso.

No hagas que el camino de espera sea amargo, practica la paciencia pensando que el final será dulce y endulza también tu travesía para que el destino sea aún más gratificante. No puedes preocuparte del pasado… ese definitivamente ya se fue. Lo que no se hizo, no se puede enmendar. Del futuro no te preocupes, pero espéralo con metas y paciencia, enfocándote en el hoy porque es donde se requiere tu energía y tu mejor esfuerzo.

Algunas veces perdemos el entusiasmo porque las metas que nos trazamos se ven muy lejanas en el tiempo y, cuando esto pasa, muchos volvemos a viejos hábitos, pero hay una manera de sobrepasar esta rutina y es aprendiendo a desarrollar paciencia para vivir el día a día.

Características de la paciencia:

◆ La paciencia es el valor o cualidad que nos permite sembrar, regar las plantas, cuidarlas y esperar sus frutos para luego disfrutarlos.
◆ La paciencia la ejercita la persona que cree en sí misma y en lo que hace. Nunca pierde de vista sus metas. Tiene la armonía interior y las fuerzas para superar las situaciones adversas que se convierten en los obstáculos. Estos pueden debilitar las fortalezas emocionales de los emprendedores, que son aquellos que tienen sueños y trabajan para hacerlos realidad.
◆ La paciencia es el valor que hace a las personas más tolerantes y las capacita para

comprender y sobrellevar los contratiempos y las adversidades con fortaleza. El que es paciente refuerza sus acciones con paz interior e inteligencia, utilizando los conocimientos necesarios e identificando las oportunidades disponibles para lograr una manera correcta frente a las diversas situaciones que se nos pueden presentar en la vida. Además, es importante reconocer que la impaciencia, la desesperación, la apatía y la falta de voluntad siempre serán los obstáculos más difíciles de vencer en la ruta hacia nuestros sueños.

♦ Las personas que hacen de la paciencia un valor en sus vidas siempre disfrutan de las recompensas que esta ofrece en todas las circunstancias: en las relaciones humanas, en los estudios, en el trabajo, en los recursos económicos, etc. En todo orden de situaciones se debe aprender a esperar, sin dejar de trabajar por lo que se quiere, de esta manera podemos asegurar que las personas que asimilen y vivan la paciencia como un valor podrán desarrollar la sensibilidad para enfrentar las dificultades, conservando la calma y el equilibrio interior, así lograrán comprender mejor la naturaleza de las circunstancias, generar paz y armonía a su alrededor y, con todo esto en equilibrio, conspirar para el logro del éxito.

Pasos para trabajar la paciencia:

Estos son algunos elementos claves para desarrollar la paciencia:

- ◆ Siempre hay un momento adecuado para manejar cada situación, no lo hagamos temprana ni tardíamente.
- ◆ La paciencia se puede lograr ejercitándola a través del dominio propio. Esa es la llave maestra.
- ◆ Dejar ir las preocupaciones y disfrutar de cada momento, por pequeño que sea el logro o el avance, esto nos llenará de fuerzas para seguir adelante.
- ◆ Ser tolerantes. No todos vamos al mismo nivel, ni vemos las cosas desde la misma perspectiva. Cuando cada uno logra conectar su tiempo apropiado y su mente, se logra una actitud de disposición hacia el aprendizaje. Las personas necesitan tiempo, por lo tanto, debemos aprender a impulsar y frenar con sabiduría.
- ◆ Identificar y conocer todo aquello que logra impacientarnos. Reflexionemos por qué nos impacienta e intentemos resolverlo haciendo uso de la toma de conciencia de que si queremos y nos esforzamos todo lo podemos.

♦ Si estamos en un grupo y sentimos que no podemos cumplir a cabalidad con las responsabilidades, hablemos y tratemos de distribuirlas entre otras personas o de salir de lo que no podemos manejar con serenidad. Es solo cuestión de saber crear un plan para ejecutar las tareas responsablemente.

♦ Recurrir a la oración, meditación, ejercicios de respiración, caminatas, lecturas y conversación con personas conocedoras del tema.

♦ No perder el enfoque ni el objetivo.

♦ Identificar los beneficios de lograr un estado de paz interior y de mantener el equilibrio.

El bambú japonés

La paciencia es la fortaleza del que espera con fe. No hay que ser agricultor para saber que una buena cosecha requiere de buena semilla, buen abono y riego. También es obvio que quien cultiva la tierra no se detiene impaciente frente a la semilla sembrada y grita con todas sus fuerzas: ¡crece! Hay algo particular que sucede con el bambú y que lo transforma en una verdadera tarea para quien carece de paciencia. Siembras la semilla, la abonas y te ocupas de regarla constantemente; sin embargo, durante los primeros meses, no sucede nada apreciable. En realidad, no pasa nada con la semilla durante los primeros siete años, a tal punto que una persona inexperta podría convencerse de que compró semillas infértiles. No obstante, durante el séptimo año, en un período de solo seis semanas, la planta de bambú crece ¡más de treinta metros! ¿Tardó solo seis semanas en crecer? No, la verdad es que se tomó siete años y seis semanas en desarrollarse.

Durante los primeros siete años de aparente inactividad, este bambú estaba generando un complejo sistema de raíces que le permitirían sostener el crecimiento que iba a tener después de siete años. En la vida cotidiana muchas personas tratan de encontrar soluciones rápidas, triunfos apresurados, sin entender que el éxito es simplemente resultado del crecimiento interno y que este requiere tiempo. Quizás por la misma impaciencia, aquellos que aspiran a resultados en corto plazo abandonan súbitamente, justo cuando ya estaban a punto de conquistar la meta.

Es una tarea difícil el convencer al impaciente que solo llegan al éxito aquellos que luchan en forma perseverante y saben esperar el momento adecuado. De igual manera, es necesario entender que en muchas ocasiones estaremos frente a situaciones en las que creemos que nada está sucediendo y esto puede ser extremadamente frustrante. En esos momentos es bueno recordar el ciclo de maduración del bambú japonés y aceptar que en tanto no bajemos los brazos, ni abandonemos el propósito por no "ver" el resultado que esperamos, estamos creciendo, madurando, porque sí está sucediendo algo dentro de nosotros.

Quienes no se dan por vencidos, van gradual e imperceptiblemente fortaleciendo su carácter, creando los hábitos y el temple que les permitirá sostener el éxito cuando este al fin se materialice. El triunfo no es más que un proceso que lleva tiempo y dedicación, un proceso que exige aprender nuevos hábitos y nos obliga a descartar otros. Un proceso que exige cambios, acción y formidables dotes de paciencia.

"Tiempo... ¡Cuánto nos cuestan las esperas! Qué poco ejercitamos la paciencia en este mundo agitado en el que vivimos... Apuramos a nuestros hijos en su crecimiento, apuramos al chofer del taxi... Nosotros mismos hacemos las cosas apurados y no sabemos bien el porqué... Perdemos la fe cuando los resultados no se dan en el plazo que esperábamos, abandonamos

141

nuestros sueños, nos generamos patologías que provienen de la ansiedad, del estrés... ¿Para qué? Te propongo tratar de recuperar la perseverancia, la espera, la aceptación. Si no consigues lo que anhelas, no desesperes... Quizá solo estés echando raíces..."

(Autor desconocido)

Pensamientos para reflexionar:

♦ *"La paciencia es un árbol de raíz amarga pero de frutos muy dulces".*

Jean Jacques Rousseau

♦ *"Quien tiene paciencia, obtendrá lo que desea".*

Benjamín Franklin

♦ *"Si he hecho descubrimientos invaluables ha sido más por tener paciencia que cualquier otro talento".*

Isaac Newton

♦ *"Confía callado en el Señor y espera en Él con paciencia. No te irrites a causa del que prospera en su camino". Nueva Biblia Latinoamericana de Hoy,*

Salmos 37:7

♦ *"Con la mucha paciencia se persuade al príncipe y la lengua suave quebranta los huesos". Nueva Biblia Latinoamericana de Hoy,*

Proverbios 25:25

143

♦ *"Mejor es el fin de un asunto que su comienzo. Mejor es la paciencia de espíritu que la arrogancia de espíritu". Nueva Biblia Latinoamericana de Hoy,*

Eclesiastés 7:8

♦ *"La paciencia es la fortaleza del débil y la impaciencia, la debilidad del fuerte".*

Emmanuel Kant

HERRAMIENTA # 9

SÉ PRODUCTIVO

La palabra productividad fue utilizada primero por los griegos, pero no fue sino hasta la revolución industrial en los años 1766 cuando tomó real importancia, refiriéndose al rendimiento o fertilidad de la tierra y posteriormente en 1809 relacionándose al desarrollo de la industria como capacidad. La productividad como valor es la potencialización de los recursos, tales como tiempo, esfuerzo, conocimiento y habilidades, pero, tal como lo comentamos anteriormente, entendiendo la verdadera razón, el para qué, por qué y cuál es el motivo que nos impulsa a actuar.

Desafortunadamente el concepto productividad se ha limitado al desarrollo de tareas rutinarias, enfrascándonos en el "multitasking" o multitarea y colocándonos etiquetas de productivo o improductivo dependiendo de la cantidad y no la calidad de cosas que realizamos. Trabajamos sin descanso para obtener el sustento, pero no dedicamos tiempo para descubrir el verdadero camino hacia la libertad y encontrar lo que nos hace felices, deteriorando el verdadero sentido de nuestro carácter.

Reflexiona por un minuto sobre las actividades que realizas que te hacen más feliz y piensa cómo te sentirías si las haces todo el tiempo. Ahora, piensa si eso que tanto te gusta les puede servir a otros. ¿Cómo? Revisa si esa actividad te podría generar recursos financieros. ¿Crees que lo verías más como un hobby y no como un trabajo? ¡Ni siquiera sentirías que estuvieras trabajando! Y es que tenemos dones y talentos que no aprovechamos por estar atados a lo que conocemos.

Caer en la rutina, que es la costumbre o manera de hacer algo de forma mecánica y usual, nos pasa a todos y esa pasividad nos asfixia, y lo que es peor, no nos permite tener una buena cosecha y mucho menos ser productivos. La productividad se debe trabajar día a día con paciencia y dedicación. Es este valor el que nos debe llevar directo al éxito.

Pasos para trabajar la productividad:

Las personas altamente productivas se caracterizan por los siguientes parámetros a los cuales tú puedes llegar:

◆ **Planifican su vida**

Recuerda, la productividad no es sinónimo de exceso de tareas o ajetreo. Muchos piensan que por el simple hecho de sentirse abrumados por la carga de trabajo ya son personas productivas. En realidad, lo que sucede es que no planifican bien su agenda o se comprometen en actividades que no les convienen. Las personas altamente productivas suelen estar menos ocupadas que las que están sobrecargadas de trabajo y abrumadas porque tienen manejo de su tiempo.

◆ **Escapan de la pasividad y se concentran en lo que requiere atención**

Las personas productivas se enfocan en lo que vale la pena, lo prioritario, lo que genera valor, sin confundir lo urgente con lo importante. La clave para el buen manejo del tiempo es la autogestión, y en eso solo tú tienes el control. Lo importante es que cumplas con las tareas que son significativas para tu desarrollo

147

personal y que puedes llevar a cabo. Muchos pierden tiempo comparándose con otras personas, deseando situaciones distintas, cuando lo importante es aceptarse como son, dando lo mejor de sí en la realidad, tal y como esta es.

♦ Son responsables y asumen lo que hacen

Las personas productivas, por lo general, son líderes y tienen la capacidad de reconocer sus habilidades (siendo humildes como regla general), administrando su tiempo, talentos y sentimientos, responsabilizándose por los resultados.

♦ La productividad produce satisfacción

Pongamos en práctica la llamada regla de 80/20 de la gestión del tiempo, que indica que el ochenta por ciento de la importancia de lo que hacemos en un día cualquiera se encuentra solo en un veinte por ciento de las actividades, por lo tanto, si te concentras en el cumplimiento de la parte superior del veinte por ciento de las tareas más importantes te sentirás más productivo y satisfecho al final del día, siempre revisando que la calidad no debe ser sacrificada por la cantidad, debemos tener un balance.

◆ Son organizadas

Para llegar a esto, iniciando cada día desarrolla una lista de puntos clave de todo lo que tienes por hacer y márcalos a medida que cumples tus tareas, eso te ayudará a sentirte satisfecho y con más energía para continuar aprovechando tu tiempo. Enfócate en el cumplimiento de tu lista haciendo uso de tu tiempo discrecional. Lo que no terminas hoy, transfiérelo a tu lista de mañana y vuelve a priorizar, sin perder tu objetivo principal. Muchas veces invertimos tiempo en cosas que realmente no valen la pena.

Es importante hacer énfasis en que la productividad debe desarrollar nuestro carácter, permitiéndonos avanzar en nuestra creatividad y nuestra eficiencia, de esta manera desarrollamos nuestro intelecto, experiencia y liderazgo logrando el éxito y satisfaciendo nuestras expectativas financieras.

El pescador feliz

«Un rico industrial del norte se molestó al encontrar a un pescador del sur tranquilamente recostado en su barca y fumando pipa.

—¿Por qué no has salido a pescar? —preguntó el industrial.

—Porque ya he pescado bastante por hoy —respondió el pescador.

—¿Y por qué no pescas más? —insistió el industrial.

—¿Y qué iba a hacer con los peces? —preguntó a su vez el pescador.

—Ganarás más dinero —fue la respuesta—. De ese modo podrías poner un motor a tu barca. Entonces podrías ir a aguas más profundas y pescar más peces. Entonces ganarías lo suficiente para comprarte unas redes de nylon. Pronto ganarías para tener dos barcas... ¡Y hasta una verdadera flota! Entonces serías rico como yo.

—¿Y qué podría hacer entonces? —preguntó de nuevo el pescador.

—Podrías sentarte y disfrutar de la vida —respondió el industrial.

—¿Y qué estoy haciendo en este preciso momento? —respondió satisfecho el pescador».

(Autor desconocido)

Pensamientos para reflexionar:

♦ *"Tan a destiempo llega el que va demasiado deprisa como el que se retrasa demasiado".*
William Shakespeare

♦ *"Todo tiene su tiempo. Hay un momento bajo el cielo para toda actividad".* Biblia Reina Valera Contemporánea,
Eclesiastés 3:1

♦ *"Un hoy vale por dos mañanas".*
Benjamín Franklin

♦ *"Si buscas una buena solución y no la encuentras, consulta al tiempo, puesto que el tiempo es la máxima sabiduría".*
Tales de Mileto

♦ *"Malgasté el tiempo, ahora el tiempo me malgasta a mí".*
William Shakespeare

♦ *"El tiempo es el mejor autor, siempre encuentra el final correcto".*
Charles Chaplin

151

♦ *"Yo haré que vivas mucho tiempo; ¡te daré muchos años de vida!" Biblia Reina Valera Contemporánea,* Proverbios 9:11

♦ *"Nunca preguntes por qué todo tiempo pasado fue mejor. Esa pregunta no refleja nada de sabiduría". Biblia Reina Valera Contemporánea,* Eclesiastés 7:10

♦ *"Pero aunque los mortales vivamos muchos años, y en todo ese tiempo vivamos felices, debemos recordar que serán muchos los días de oscuridad, y que todo lo que viene es vanidad". Biblia Reina Valera Contemporánea,*
Eclesiastés 11:8

HERRAMIENTA # 10

CONOCE Y CONTROLA TU TEMPERAMENTO

El temperamento es una combinación de las características que heredamos de nuestros padres y las propias para producir nuestra estructura básica. Actualmente se acepta que ciertas características del temperamento se deben a procesos fisiológicos del sistema linfático, así como a la acción endocrina de ciertas hormonas. En resumen, es la combinación de características con las que nacemos y que afectan subconscientemente el comportamiento humano. Estas están dispuestas genéticamente y varían según algunas condiciones como la nacionalidad, raza, sexo y otros factores hereditarios.

El temperamento tiene, por lo tanto, un porcentaje genético que no podemos descartar. También se acepta, de forma general, que los efectos intensos y permanentes del entorno pueden llegar a influir de forma importante en la formación del temperamento de cada individuo. Sea como sea, como norma general se dice que el temperamento viene dado por la genética, mientras el carácter se forma a partir de este, asimilando las vivencias y experiencias que proporciona el entorno.

El temperamento podría entenderse como la activación global de los sistemas motor y sensorial. Una breve forma de definirlo sería la "reacción o respuesta" del ser humano en torno a situaciones, objetos, etc. Solemos afirmar de alguien que es «demasiado temperamental» cuando un motivo relativamente pequeño es suficiente para provocarle una fuerte reacción. Todo esto podría hacernos creer que el temperamento es algo innato. Como es lógico en los bebés, las estructuras de los sistemas motor y perceptivo no están tan desarrolladas como en etapas posteriores, por eso, reacciones como la intranquilidad, las respuestas motoras rápidas o la viveza en la mirada de un bebé enseguida nos llaman la atención.

LA PERSONALIDAD

La personalidad, como ya lo habíamos hablado desde la perspectiva de los valores y principios, es la expresión externa o visible de una persona, lo que queremos mostrar, ya sea de manera auténtica o fingida.

Hay tantas maneras de describir a una persona como puntos de vista e intenciones. Se puede describir a alguien desde el exterior como desde el interior; es decir, hablar de su físico o de su personalidad. Incluso, nos atrevemos a describirlo desde el punto de vista psicológico, destacando sus virtudes o poniendo énfasis en sus defectos y tal vez sus vicios, cuando el énfasis de una descripción está puesto en los rasgos, tales como los sentimientos, las creencias, las virtudes o puntos débiles y en fin, todo aquello que conforma la personalidad de un individuo.

Cuando nos referimos a la personalidad, hacemos referencia a la palabra "etopeya", que viene de las raíces griegas "ethos" y significa costumbre. Esta es la base de la palabra ética y "porco" que significa describir.

Por lo tanto, en retórica antigua, la finalidad de la etopeya era la descripción de los rasgos éticos y morales de una persona. Actualmente, la etopeya puede estar compuesta por otros rasgos de la personalidad, tales como la manera de ser, de ver la vida, las costumbres, las diferentes actividades que realiza, las actitudes, los sentimientos, y en fin, todo lo que nos parezca o llame la atención de una persona.

La personalidad, desde la perspectiva de la psicología, es el sistema integrado que abarca las aptitudes, actitudes y los rasgos. Las aptitudes indican en cuáles áreas las personas adquieren un rendimiento óptimo; las actitudes indican aquello que piensan o valoran y los rasgos indican cuáles son los factores psicológicos que más inciden en su comportamiento. La idea de personalidad confiere unidad a estos tres aspectos, pero estos abarcan tanto que toda teoría al respecto es, de hecho, simplemente eso, una simple teoría psicológica.

Pasos para trabajar el temperamento:

♦ Aprender a controlar los impulsos para no desgastarse y canalizar toda esa energía en eventos productivos.

♦ Aprender que todas nuestras reacciones, buenas o malas, al final tienen un costo que pagar.

♦ Desarrollar toda la capacidad que aporta nuestro tipo de temperamento para ser feliz y para ayudar a desarrollar a otros.

♦ Sea cual sea nuestro temperamento, usar todo lo positivo de este para edificar correctamente nuestra personalidad y nuestra relación con los demás.

♦ Recordar que a través de nuestra personalidad vamos a marcar positiva o negativamente la vida de quienes nos rodean.

♦ Sacarle provecho a esa manera única que tenemos de ser, con nuestras virtudes y defectos. Recordar siempre que fuimos creados/as con un propósito que nadie más podrá cumplir.

TEST DE TEMPERAMENTOS

Espero que ya tengas claro que el temperamento es la parte de la personalidad cuyo origen se asienta en la herencia genética, y el carácter la parte que se genera durante la vida de la persona, su experiencia y cultura. En otras palabras, que el temperamento es la fuerza que nos maneja, como la gasolina, mientras más fuerte, más altos son los octanos o el valor. Ambos son peligrosos y explosivos, si no somos cuidadosos y controlamos la gasolina puede ocasionar muchos accidentes fatales, pero si la usamos como corresponde puede ser muy útil. De la misma manera, un temperamento no controlado puede ocasionar daños no solo a los que nos rodean, sino a nosotros mismos. Pero si sabemos manejar nuestros impulsos podremos aprovechar ese despliegue de energía que nos genera a veces una reacción para ser más productivos y eficientes.

Antes de finalizar con esta herramienta, me gustaría compartir contigo un test de temperamento básico para que descubras cuál es el tuyo y sus características. Es importante que sepas que cada persona tiene la combinación de dos temperamentos, uno que es dominante y otro que es complementario.

Debes ser totalmente sincero a la hora de responder y no pensar mucho las respuestas, pues todas son precisas y no necesitan de gran análisis.

NOTA: Toma una hoja de papel y enumera dos columnas del 1 al 20 para que escribas la letra de la respuesta escogida y al final te sea fácil contarlas. Ejemplo:

1.   A
2.   C
3.   B, etc.

FORTALEZAS

1. a) Animado   b) Aventurero
    c) Analítico   d) Adaptable
2. a) Juguetón   b) Persuasivo
    c) Persistente   d) Sereno
3. a) Sociable   b) Decidido
    c) Abnegado   d) Sumiso
4. a) Convincente   b) Competitivo
    c) Considerado   d) Controlado
5. a) Entusiasta   b) Creativo
    c) Respetuoso   d) Reservado
6. a) Enérgico   b) Autosuficiente

	c) Sensible	d) Contento
7.	a) Activista	b) Positivo
	c) Planificador	d) Paciente
8.	a) Espontáneo	b) Seguro
	c) Puntual	d) Tímido
9.	a) Optimista	b) Abierto
	c) Ordenado	d) Atento
10.	a) Buen sentido del humor	
	b) Dominante	
	c) Fiel	d) Amigable
11.	a) Encantador	b) Osado
	c) Detallista	d) Diplomático
12.	a) Alegre	b) Confiado
	c) Culto	d) Constante
13.	a) Inspirador	b) Independiente
	c) Idealista	d) Inofensivo
14.	a) Cálido	b) Decidido
	c) Introspectivo	
	d) Poco sentido del humor	
15.	a) Cordial	b) Instigador
	c) Músico	d) Conciliador
16.	a) Conversador	b) Tenaz
	c) Considerado	d) Tolerante
17.	a) Vivaz	b) Líder
	c) Leal	d) Buen confidente
18.	a) Inteligente	b) Líder
	c) Organizado	d) Feliz
19.	a) Popular	b) Productivo

c) Perfeccionista   d) Permisivo
20.   a) Jovial   b) Atrevido
      c) Bien comportado
      d) Equilibrado

DEBILIDADES

21.   a) Estridente   b) Mandón
      c) Desanimado   d) Inexpresivo
22.   a) Indisciplinado b) Antipático
      c) Sin entusiasmo d) Implacable
23.   a) Repetidor   b) Resistente
      c) Resentido   d) Irónico
24.   a) Olvidadizo   b) Franco
      c) Exigente   d) Temeroso
25.   a) Que interrumpe b) Impaciente
      c) Inseguro   d) Indeciso
26.   a) Imprevisible   b) Frío
      c) No comprometido
      d) Impopular
27.   a) Descuidado   b) Terco
      c) Difícil de contentar
      d) Vacilante
28.   a) Tolerante   b) Orgulloso
      c) Pesimista   d) Insípido
29.   a) Irritable   b) Argumentador
      c) Sin motivación
      d) Retraído

30.	a) Ingenuo	b) Nervioso
	c) Negativo	d) Desprendido
31.	a) Egocéntrico	b) Adicto al trabajo
	c) Distraído	d) Ansioso
32.	a) Hablador	b) Indiscreto
	c) Susceptible	d) Tímido
33.	a) Desorganizado	
	b) Dominante	
	c) Deprimido	d) Indeciso
34.	a) Inconsistente	b) Intolerante
	c) Introvertido	d) Indiferente
35.	a) Desordenado	b) Manipulador
	c) Moroso	d) Quejumbroso
36.	a) Ostentoso	b) Testarudo
	c) Escéptico	d) Lento
37.	a) Emocional	b) Prepotente
	c) Solitario	d) Perezoso
38.	a) Atolondrado	b) Malgeniado
	c) Suspicaz	d) Sin ambición
39.	a) Inquieto	b) Precipitado
	c) Vengativo	d) Poca voluntad
40.	a) Variable	b) Astuto
	c) Comprometedor	
	d) Crítico	

FORTALEZAS	DEBILIDADES
1.	21.
2.	22.
3.	23.
4.	24.
5.	25.
6.	26.
7.	27.
8.	28.
9.	29.
10.	30.
11.	31.
12.	32.
13.	33.
14.	34.
15.	35.
16.	36.
17.	37.
18.	38.
19.	39.
20.	40.

TOTAL: TOTAL:
  A=   A=
  B=   B=
  C=   C=
  D=   D=

Una vez escogidas tus respuestas, suma y escribe el total de ambas columnas

Ej.:

A=12

B=8

C=15

D=5

Y tomas las 2 letras con mayor puntaje, en este ejemplo son A y C

INTERPRETACIÓN

Temperamento:

SANGUÍNEO   Letra A

Personas comunicativas, alegres, activas, optimistas, entusiastas y de personalidad atractiva. Tocan a la gente al expresarse y es natural que su segundo temperamento sea colérico, complementan con el flemático y son opuestas al melancólico. Muy joviales, buenas para la locución y la actuación. Son el alma de la fiesta y sinceras. Como padres, siempre les caen bien a los amigos de sus hijos y hacen el ambiente familiar divertido. De las situaciones desagradables hacen algo divertido, tienen don de gente y hacen amigos fácilmente. Les gustan los cumplidos y no guardan rencor. Se disculpan rápidamente, son persuasivas, pueden ser personas superficiales y asumir responsabilidades.

Son olvidadizas, hablan demasiado, no tienen muchas metas porque viven el presente y no tienen complicaciones.

Temperamento:
COLÉRICO   Letra B

Personas dominantes, agresivas, autosuficientes, emprendedoras, decididas y valientes. Temperamento naturalmente mezclado con sanguíneo, complementan con melancólico y opuesto al flemático. Se destacan y cumplen lo que quieren, son líderes natos, dinámicos y personas de actividad, que les gusta el cambio y son entusiastas. Actúan con rapidez, quieren corregir las injusticias y no se desaniman fácilmente. Les intranquilizan los flemáticos, confían en sí mismas, manejan cualquier proyecto y son altamente pasionales. Se proponen metas y organizan bien. Saben delegar trabajo y les interesa poco la oposición. Estimulan la actividad, son poco amigables, según ellas casi siempre tienen la razón y se destacan en emergencias. Como padres, organizan el hogar, tienden a ser fuertes, siempre tienen la respuesta correcta y motivan a su familia a actuar. Parecen ser altaneras, no respetan las opiniones ajenas y necesitan desarrollar la humildad. Son personas sentimentales y atractivas.

Temperamento:
MELANCÓLICO   Letra C

Personas pesimistas, de actitud triste ante la vida y soñadores. Propensas a la introversión. Es natural que su segundo temperamento sea flemático, complementan con el colérico y son opuestas al sanguíneo. Tienden a ser genios, filósofos y poetas. Personas analíticas, que aprecian lo bello, se sacrifican, son idealistas, sensibles, honestas, odian las traiciones y son muy económicas. Anticipan los problemas. Escogen sus amigos cuidadosamente, casi siempre están tras bastidores, son fieles y leales. Solucionan los problemas ajenos, se conmueven fácilmente y están en búsqueda de la pareja ideal. Como padres, mantienen en orden su casa, les hacen horarios a sus hijos, tienen normas rígidas, recogen los desórdenes y fomentan los estudios. Parecen ser personas impenetrables.

Temperamento:
FLEMÁTICO   Letra D

Personas frías, parecen no tener sentimientos porque los ocultan. Apáticas, no aparentan riqueza afectiva, son tranquilas e imperturbables, con sentido del humor, estables y competentes. De personalidad tranquila, serena y relajada. Contentas con su vida, con gran capacidad administrativa, mediadoras, evitan conflictos, trabajan bien bajo presión y a veces buscan el camino fácil. Son buenos padres, dedican tiempo a sus hijos y no se desesperan. Están dispuestas a escuchar, son discretas, con muchos amigos, compasivas y comprensivas.

Espero que hayas resuelto el test y que ya tengas una idea más clara acerca de tu temperamento.

Nota: Este es un test que da un resultado aproximado, existen pruebas más profundas que te pueden acercar con mayor precisión a tu temperamento y tendencias conductuales.

¿CÓMO APLICAR
LAS HERRAMIENTAS?

Estas páginas no tendrían ningún sentido si cada herramienta expuesta y cada paso sugerido no pudieran ser puestos a prueba día a día en nuestras acciones cotidianas. ¿Cómo hacerlo? A continuación te invito a revisar algunas acciones concretas para poner a prueba ese "dominio propio" y otras virtudes, así como a realizar una especie de "work out conductual" o ejercicios de comportamiento, por llamarlo de alguna manera, para ayudarte en tu tarea de transformar tu rutina al éxito.

1. Confiabilidad:

Se puede definir como la atmósfera de credibilidad que generamos con nuestros semejantes. La confianza construida poco a poco por actos correctos repetitivos que nos hacen predecibles y de buen nombre con la gente que nos rodea.

Pregunta para reflexionar:
¿Qué dirían las personas que me rodean, al preguntarles si soy o no confiable?

Sugerencias:
- ◆ Mantén siempre tu palabra.
- ◆ Sé cuidadoso con lo que prometes.
- ◆ No hagas citas que de antemano sabes que no cumplirás.
- ◆ Ten una buena actitud y no recurras a excusas.
- ◆ Asume la parte de la responsabilidad que te corresponde.

2. Humildad:
La humildad es la virtud de conocer las propias limitaciones y debilidades y actuar de acuerdo a tal conocimiento. Es reconocer cuando cometemos un error, pedir perdón y apartarnos de lo que podría dañar. Podría decirse que la humildad es la ausencia de la soberbia.

Preguntas para reflexionar:
¿Admito fácilmente cuando me equivoco?
¿Pido perdón con facilidad o me cuesta hacerlo?

Sugerencias:
- ◆ Reconocer siempre los errores, así tendremos nuevas oportunidades.

♦ Mantener una actitud de servicio donde quiera que vayamos.

♦ Mirar al otro como más importante a la hora de servirle.

♦ Renunciar al egoísmo y al odio, de lo contrario seremos infelices toda la vida.

3. Honestidad:

Es la rectitud con la que manejamos nuestra vida. Es actuar siempre con la verdad. Es el respeto a la justicia y a la verdad. La congruencia entre lo que pensamos, decimos y actuamos, siendo justos en todo momento.

Pregunta para reflexionar:

¿Soy de los que piensan, hablan y actúan con la verdad y nada más que la verdad?

Sugerencias:

♦ Ser fiel a los compromisos por pequeños que puedan ser.

♦ Pensar, hablar y actuar con la verdad y nada más que la verdad.

♦ Ser correcto con los que esperan justicia de mi parte.

♦ Ser respetuoso y fiel con los semejantes y alejarse de la mentira.

4. Trabajo o esfuerzo:

Es la habilidad de iniciar y terminar a tiempo una labor. Es la capacidad de esfuerzo que le pongo a la realización de mis tareas. Es ir la milla extra con tal de entregar a tiempo un determinado trabajo.

Pregunta para reflexionar:

¿Me esfuerzo lo suficiente para cumplir a tiempo con lo que me comprometo?

Sugerencias:
◆ Esforzarse y realizar a tiempo todas las labores.
◆ Renunciar a las excusas para justificar cuando no se cumple con lo prometido.
◆ Hacer el trabajo con calidad.
◆ Desafiarse con cada tarea iniciada.

5. Generosidad:

Es la acción que nos permite extender la ayuda al necesitado, no solamente con lo material, sino en todo lo que necesite y esté a nuestro alcance. Es la causa noble que nos hace pensar en el bienestar de los demás. Es sembrar una esperanza en la vida de otros.

Pregunta para reflexionar:

- ¿Soy consciente de todas las oportunidades que tengo a diario para ser generoso?

Sugerencias:

♦ No menospreciar la necesidad de los demás, mañana tú también podrías necesitar ayuda.

♦ Siendo generoso se activa la ley de la siembra y la cosecha.

♦ Enseñar a nuestros hijos este principio será una de las mejores lecciones que podamos darles.

6. Dominio propio y moderación:

Es tener control de lo que decimos o hacemos frente a alguna circunstancia. Es ser balanceados con nuestros comentarios. Recuerda que de la abundancia del corazón habla la boca y un comentario a destiempo puede arruinar una relación o una prometedora empresa.

Pregunta para reflexionar:

¿Pienso antes de hablar o estoy hablando para luego pensar?

Sugerencias:

♦ Ser cuidadoso con cada palabra que sale de nuestra boca.

♦ Recordar que un mal comentario puede acabar incluso con una vida.

♦ Que nuestras palabras sean de bendición y edificación en todo tiempo.

♦ Ser ejemplo de una persona que escucha más de lo que habla.

7. Motivación:

Los motivos tienen que ver con el porqué y el para qué hacemos las cosas, además de cuáles son las causas que me llevan a tomar ciertas decisiones trascendentales en mi vida. Debemos vigilar constantemente los motivos para saber que estamos en el camino correcto y que estos están regidos por los principios universales de convivencia.

Pregunta para reflexionar:

¿Reviso constantemente las motivaciones que tengo para pensar, hablar o actuar?

Sugerencias:

♦ Tener claridad a la hora de tomar decisiones y ser honesto con nosotros mismos.
♦ Vigilar nuestros motivos.
♦ Buscar motivaciones correctas para cada situación en la que debamos dar una opinión.
♦ No participar en negocios donde los motivos no son claros y alejarse de los que lo hacen.

8. Paciencia:

Es la capacidad de saber esperar sin angustiarse. Es saber que todo tiene su tiempo, y que en la espera crecemos y aprendemos. La persona paciente tiene control de sí misma, sabe reaccionar en momentos difíciles, aprende a reconocer los tiempos y sabe que muchas decisiones no dependen de ella.

Preguntas para reflexionar:

¿Soy paciente?

¿Qué es lo más difícil de practicar para mí en cuanto a la paciencia?

Sugerencias:

♦ Aprender que todo tiene su tiempo, todo tiene su hora y su momento.

♦ Practicar la paciencia en pequeñas situaciones para crecer en este valor.

♦ Esperar sin angustiarse. La verdadera paciencia no genera angustia.

♦ Enseñar a nuestros hijos que no todo lo que quieren se les puede dar cuando lo quieren. Hay tiempo para todo y es bueno que lo aprendan desde pequeños.

9. Productividad:

Para ser productivos debemos tener en cuenta dos características: dar fruto con los dones, talentos y habilidades, así como multiplicar esos frutos de manera que beneficiemos también a otros.

Pregunta para reflexionar:
¿Soy una persona productiva o simplemente cumplidora del deber?

Sugerencias:
♦ Revisar si estamos dando frutos con nuestras habilidades, dones y talentos.
♦ Evaluar en cuáles áreas necesitamos más esfuerzo para ser más productivos.
♦ Recordar que ser productivos no solo se refiere a lo monetario, sino también al aprovechamiento del tiempo y recursos.
♦ Si ya sembramos, tengamos paciencia para cosechar y no nos precipitemos.

10. Temperamento:

Es la manera como manejamos nuestras emociones y reaccionamos ante las circunstancias de la vida. Es la forma como nuestras emociones y nuestros pensamientos están atados. Conocer nuestro temperamento nos ayuda a entender también a los demás sabiendo que hay reacciones diferentes de acuerdo a cada temperamento.

Preguntas para reflexionar:
¿Me cuesta controlar los impulsos?
Lo que digo, ¿me ha ocasionado algún problema?

Sugerencias:

♦ De acuerdo a nuestro temperamento, analizar qué es lo más urgente que debemos cambiar.

♦ Respirar varias veces antes de responder en una discusión acalorada.

♦ Analizar detenidamente las ocasiones en las que no nos pudimos controlar y los resultados.

♦ Analizar y entender a las personas que reaccionan totalmente diferentes a nosotros.

PROHIBICIONES TEMPORALES CAMINO AL ÉXITO

Cuando nos enfocamos en una meta y tenemos el carácter para tomar decisiones radicales para conseguir ese gran objetivo es casi inevitable que aparezcan situaciones en las que tengamos que prohibirnos algunas actividades, ya sea con amigos, compañeros de trabajo, familiares, etc. Esto nos acarreará comentarios y muchas veces hasta nos generará malos entendidos e incluso el rompimiento de algunas de esas relaciones.

Después de fortalecer nuestro carácter y fijar nuestra visión, debemos desarrollar la perseverancia. Esto quiere decir que, pase lo que pase, si tu sueño es apasionante para ti lo debes defender con todas tus fuerzas, pues se convertirá en tu razón de vivir. Hay que hacer lo que sea, cuándo, dónde y cómo sea, aunque a veces implique esfuerzos inesperados.

Hay gente tóxica que lo único que hace es contaminar el ambiente de los que son visionarios empedernidos y que sueñan con un mundo mejor y con una felicidad indescriptible al momento de cumplir sus sueños o metas. Este tipo de personas actúan como algunos cangrejos del siguiente cuento:

"Dicen que había un hombre en la playa vendiendo cangrejos rojos en dos canastos diferentes. Uno estaba tapado y los cangrejos valían cinco dólares cada uno, y el otro canasto estaba destapado y los cangrejos también valían cinco dólares cada uno. Ante esto, un hombre que pasaba por la playa preguntó: ¿por qué si el valor de los cangrejos es el mismo, unos están tapados y los otros no? A lo que el vendedor respondió: los que están tapados son cangrejos solidarios. Ellos se colocan uno sobre otro para formar una escalera, poder llegar alto y así salir del montón. En cambio los otros, los del canasto destapado, son los cangrejos envidiosos, que cuando ven que alguno quiere subir, se le cuelgan y así ninguno puede salir del montón".

(Autor desconocido)

Seguramente tú tienes alrededor ambos grupos de cangrejos, a esas personas que simplemente te quieren desanimar con comentarios negativos, pesimistas y hasta destructores, te recomiendo que las saques de tu lado, pues son un estorbo en el camino a la consecución de tu meta. Pero también tendrás cangrejos cooperadores, que aunque escasos, existen. Son esas personas que te dan palabras de afirmación y de apoyo en todos tus proyectos. Estos son los que hay que conservar, no necesariamente para que estén totalmente de acuerdo con la manera en la que buscas tu sueño, pero que al menos no te desanimen con sus comentarios dañinos y destructivos.

Las P.T.C.E o "Prohibiciones Temporales Camino al Éxito" son todas aquellas actividades de las que debemos privarnos para poder seguir enfocados en la búsqueda incesante de alcanzar un sueño. Eso pasa, por ejemplo, con los deportistas de alto rendimiento. En el caso de un tenista, seguramente muchas veces deja de salir a bailar, cenar o tomarse una copa, porque al día siguiente tiene que entrenar o competir. Así mismo sucede con otros deportes o también en el caso de los estudiantes que dejan de lado algunas celebraciones porque tienen que estudiar para un examen. Y podemos seguir enumerando una cantidad ilimitada de situaciones en las cuales hay que decir "no" para defender el enfoque en el objetivo, el camino hacia la meta.

El esfuerzo es antes que el éxito, incluso en el mismo diccionario, esto quiere decir que el camino hacia la meta exitosa está marcado por el esfuerzo y todo lo que este implica. No hay éxito sin esfuerzo, por eso muchas veces no entendemos las "Prohibiciones Temporales Camino al Éxito", en el momento que se presentan nos parecen injustas y hasta nos pueden hacer sentir que estamos dejando de vivir, pero cuando llegamos a la meta y cumplimos nuestro tan anhelado sueño, si miramos atrás, nos daremos cuenta que valió la pena el esfuerzo, la dedicación y el empeño, y que no importa las veces que tuvimos que privarnos de esos momentos sociales, familiares, amorosos, etc., porque estamos disfrutando de la alegría de la misión cumplida.

Hace muchos años fui modelo para algunas agencias y como tal debía cuidarme muchísimo, estar lo más delgado posible y hacer mucho ejercicio para mantener mi físico. En ese tiempo vivía en casa de una pareja que tenía por costumbre hacer una comida fuerte en el día y regularmente era a la hora de la cena. Así es que cuando llegaba en la noche a casa, ellos estaban disfrutando de una rica comida de cerdo, arroz, frijoles, plátano frito, pan tostado, postres y demás, mientras que la mía era una ensalada de lechuga, tomate y atún. Ante el olor delicioso de la cena de mis compañeros de hogar, mi comida era completamente insípida y no parecía la gran cosa frente a esos manjares.

Muchas veces me invitaban a degustar lo que estaban comiendo y me decían: "tranquilo, de vez en cuando eso no importa y no lo va a engordar. No sea exagerado"… Pero me abstenía de comer lo que ellos me ofrecían y seguía muy disciplinado con mis ensaladas y proteína que era lo que debía consumir para mantenerme.

Poco tiempo después, mientras participaba de desfiles, pasarelas y programas de televisión, mi amigo se quejaba de que tenía alto el colesterol, problemas con el nivel de grasa de su cuerpo y hasta algunos inconvenientes con la presión. Lo que para mí en algún momento parecía insípido, resultó lo más saludable para mi futuro inmediato y mientras ellos se daban el gusto de comer con placer, se estaban enfermando, pues no tenían ese objetivo de cuidar su salud y su figura.

Recuerda, nadie puede ver tu objetivo como tú mismo. No puedes dejar de hacer lo que sabes que tienes que hacer por darles gusto a los demás, ellos estarán en un camino diferente al tuyo en cuanto a metas se refiere. No te sientas mal si debes dejar de lado aun a tus propios familiares por continuar por el camino que decidiste tomar. Muchas veces nos tentarán a salirnos de nuestros hábitos de disciplina para pasar momentos "agradables", pero solo los que se mantienen firmes en sus objetivos saben la gran recompensa que viene después de todos esos esfuerzos.

Hay muchas personas que por no tener un sueño apasionante en sus vidas avanzan desanimadas y desanimando a todos aquellos que sí los tienen. ¡No lo permitas! Y apártate de todo lo que se oponga o te distraiga camino a lo que quieres alcanzar.

CONCLUSIÓN

Todos en la vida alguna vez nos hemos preguntado por la estatura que tenemos, por el peso, por el físico, o como yo, por la raza, en fin, tantas preguntas que de alguna manera utilizamos como una excusa o un obstáculo y, a la vez, una explicación de por qué somos o fuimos de determinada manera, justificando que de no haber sido así hubiéramos podido triunfar.

La verdad es que nuestra cultura nos ha hecho dependientes de la aceptación de los demás al marcarnos estereotipos de los modelos que triunfan, y hemos visto generaciones queriendo parecerse a otros que aparentan ser exitosos por ciertos atributos.

La gente siempre hablará y comentará cómo somos, pues es el concepto que tienen de nosotros por nuestro comportamiento, y eso definitivamente no nos define como personas. Lo único importante y verdadero es quiénes somos realmente y eso solo lo podemos saber dependiendo precisamente de lo que creemos de nosotros mismos.

Después de pasar por muchas experiencias y de haber escuchado a tantas personas quejarse en diferentes partes del mundo de no saber quiénes son, confirmo que fuimos creados con todo lo necesario para ser personas exitosas en todas las áreas de nuestras vidas. Desafortunadamente, hoy vemos una humanidad imitando modelos impuestos por los medios de comunicación y no viviendo la verdadera vida según el diseño original.

No importa si eres hombre o mujer, si eres de una raza u otra, si eres joven o anciano, de un país u otro, de cierta estatura, de cierta condición socioeconómica, si has sufrido en la vida, si eres víctima de injusticias, etc., lo único que puedo decirte es que si decides creer que a partir de hoy puedes comenzar a transformar tu vida, lo puedes lograr. Si hoy decides dar el primer paso para salir adelante y dejar atrás el pasado y las frustraciones podrás comenzar por renovar tu mente, cambiar lo que lees, lo que ves, lo que hablas, lo que escuchas y dejar de compartir tu tiempo con personas nocivas que no te aportan, y si tú eres una de esas personas, puedes dejar de ser negativa, dejar los malos hábitos como la calumnia y la mentira, pues estas son un ancla para todo aquel que desea transformar su vida y convertirse en un mejor ser humano.

Hoy es el día perfecto para comenzar a hacer ejercicio, cambiar los hábitos alimenticios, llenar tus emociones con lo positivo, con lo que quieres lograr, con lo que quieres llegar a ser y a tener. Ahora mismo puedes decidir llamar para averiguar por clases, nuevos cursos o terminar la carrera que dejaste pendiente. Es el día perfecto para hacer una llamada que desde hace mucho sabes que debes hacer. En estos momentos puedes pedirle perdón a esa o a esas personas que no has podido acercarte desde hace tiempo y hoy también puedes perdonar a quien te ha hecho tanto daño. No necesitas esperar un día más para liberarte de esas cargas, de no hablarte con tus familiares, con tus padres, u otras personas. Hoy es un gran día para comenzar el resto de tu vida de una manera diferente.

Si crees que no vale la pena y que no es posible, al menos no falles en lo siguiente: todos los días al despertar agradece a Dios de todo corazón, pon en sus manos todo lo que piensas hacer en esas horas que tienes por delante y pídele sabiduría para tomar las decisiones correctas. Habla menos y escucha más, ayuda a todo el que puedas y modera bien lo que dices. En lo posible, cumple con todo lo que prometes y al final del día, antes de que el sueño te venza, vuelve a dar gracias a Dios por todo lo vivido, lo bueno y lo malo. Verás como el ser una persona agradecida y el pedir todos los días sabiduría te irá convirtiendo en una persona diferente y sensible a la vida nueva que has comenzado a construir.

Una acción pequeña cada día te ayudará a lograr grandes cambios y así, poco a poco, llegarás a esa anhelada transformación completa. Para recordar esto diariamente, memoriza la palabra **ARPA**:

Acciones
Repetitivas
Pequeñas
Alcanzables

Recuerda que todos tenemos un talento, una habilidad o destreza para hacer algo único, tómate un tiempo para pensar en cuál es la tuya, la que seguramente has tenido escondida o al servicio de otros que no lo valoran y concéntrate en hacer de esta el centro de productividad de tu vida.

Nunca es tarde para comenzar de nuevo, enfócate y utiliza estas herramientas para fortalecer tu carácter y convertirte en una persona invencible, capaz de desafiar las dificultades de la vida y llegar a ser un triunfador para el cual no fue importante dónde comenzó la vida, sino dónde la terminó.

Que Dios te continúe bendiciendo.

185

BIBLIOGRAFÍA

♦ IZQUIERDO MARTINEZ Ángel. Temperamento, carácter, personalidad. Una aproximación a su concepto e interacción, Revista Complutense de Educación, MADRID Vol., 13 2002

♦ LAHAYE Tim. Manual del Temperamento, Editorial Unilit 1987

♦ LA RED BUSINESS NETWORK, MISIÓN CARÁCTER, Principios y valores para discutir en grupo

♦ ROBBINS Anthony, Poder sin Límites, de bolsillo 2010

♦ Diccionario De La Real Academia Española edición 22, Espasa Libros 2002

♦ GOLEMAN Daniel, Inteligencia Emocional, KAIROS, 1996

♦ COSACOV Eduardo, Diccionario de términos técnicos de la Psicología. - 3a ed. Córdoba Brujas, 2007

♦ BIBLIA, Nueva Versión Internacional

♦ BIBLIA, Nueva Biblia Latinoamericana de Hoy

♦ BIBLIA, Reina Valera Contemporánea

51879493R00114

Made in the USA
Charleston, SC
30 January 2016